I0766926

# 1

Beatus vir qui non abiit in consilio impiorum et in via peccatorum non stetit et in cathedra pestilentiae non sedit 1:2 Sed in lege Domini voluntas eius et in lege eius meditabitur die ac nocte 1:3 Et erit tamquam lignum quod plantatum est secus decursus aquarum quod fructum suum dabit in tempore suo et folium eius non defluet et omnia quaecumque faciet prosperabuntur 1:4 Non sic impii non sic; sed tamquam pulvis quem proicit ventus a facie terrae; 1:5 Ideo non resurgent impii in iudicio neque peccatores in consilio iustorum 1:6 Quoniam novit Dominus viam iustorum et iter impiorum peribit

(psalmus David)

# 2

Quare fremuerunt gentes et populi meditati sunt inania 2:2 Adstiterunt reges terrae et principes convenerunt in unum adversus Dominum et adversus christum eius diapsalma 2:3 Disrumpamus vincula eorum

et proiciamus a nobis iugum ipsorum 2:4 Qui
habitat in caelis inridebit eos et Dominus subsannabit
eos 2:5 Tunc loquetur ad eos in ira sua et in
furore suo conturbabit eos 2:6 Ego autem
constitutus sum rex ab eo super Sion montem sanctum
eius praedicans praeceptum eius 2:7 Dominus
dixit ad me filius meus es tu ego hodie genui te 2:8
Postula a me et dabo tibi gentes hereditatem tuam
et possessionem tuam terminos terrae 2:9 Reges
eos in virga ferrea tamquam vas figuli confringes
eos 2:10 Et nunc reges intellegite erudimini qui
iudicatis terram 2:11 Servite Domino in timore
et exultate ei in tremore 2:12 Adprehendite
disciplinam nequando irascatur Dominus et pereatis
de via iusta. cum exarserit in brevi ira eius beati omnes
qui confidunt in eo

(psalmus David cum fugereta facie Abessalon filii sui)

3

Domine quid multiplicati sunt qui tribulant
me multi insurgunt adversum me 3:2
Multi dicunt animae meae non est salus ipsi in Deo

eius; diapsalma 3:3 Tu autem Domine susceptor
meus es gloria mea et exaltans caput meum 3:4
Voce mea ad Dominum clamavi et exaudivit me de
monte sancto suo diapsalma 3:5 Ego dormivi
et soporatus sum exsurrexi quia Dominus suscipiet me
3:6 Non timebo milia populi circumdantis me
exsurge Domine salvum me fac Deus meus 3:7
Quoniam tu percussisti omnes adversantes mihi
sine causa dentes peccatorum contrivisti 3:8
Domini est salus et super populum tuum benedictio
tua

(in finem in carminibus psalmus David)

4

Cum invocarem exaudivit me Deus iustitiae
meae in tribulatione dilatasti mihi miserere
mei et exaudi orationem meam 4:2 Filii hominum
usquequo gravi corde ut quid diligitis vanitatem et
quaeritis mendacium diapsalma 4:3 Et scitote
quoniam mirificavit Dominus sanctum suum Dominus
exaudiet me cum clamavero ad eum 4:4 Irascimini
et nolite peccare quae dicitis in cordibus vestris
in cubilibus vestris conpungimini diapsalma 4:5
Sacrificate sacrificium iustitiae et sperate in Domino

multi dicunt quis ostendet nobis bona  4:6
Signatum est super nos lumen vultus tui Domine
dedisti laetitiam in corde meo 4:7 A fructu
frumenti et vini et olei sui multiplicati sunt 4:8
In pace in id ipsum dormiam et requiescam  quoniam
tu Domine singulariter in spe constituisti me

(in finem pro ea quae hereditatem
consequitur psalmus David)

5

Verba mea auribus percipe Domine intellege
clamorem meum 5:2 Intende voci
orationis meae rex meus et Deus meus 5:3
Quoniam ad te orabo Domine mane exaudies vocem
meam 5:4 Mane adstabo tibi et videbo quoniam
non deus volens iniquitatem tu es 5:5 Neque
habitabit iuxta te malignus neque permanebunt
iniusti ante oculos tuos 5:6 Odisti omnes
qui operantur iniquitatem perdes omnes; qui
loquuntur mendacium virum sanguinum et dolosum
abominabitur Dominus 5:7 Ego autem in
multitudine misericordiae tuae introibo in domum
tuam adorabo ad templum sanctum tuum in timore

tuo 5:8 Domine deduc me in iustitia tua
propter inimicos meos dirige in conspectu meo viam
tuam 5:9 Quoniam non est in ore eorum veritas
cor eorum vanum est 5:10 Sepulchrum patens
est guttur eorum linguis suis dolose agebant iudica
illos Deus decidant a cogitationibus suis secundum
multitudinem impietatum eorum expelle eos quoniam
inritaverunt te Domine 5:11 Et laetentur omnes
qui sperant in te in aeternum exultabunt et habitabis
in eis et gloriabuntur in te omnes qui diligunt nomen
tuum 5:12 Quoniam tu benedices iusto Domine ut
scuto bonae voluntatis coronasti nos

(in finem in carminibus pro octava psalmus David)

# 6

Domine ne in furore tuo arguas me neque in
ira tua corripias me 6:2 Miserere mei
Domine quoniam infirmus sum sana me Domine quoniam
conturbata sunt ossa mea 6:3 Et anima mea
turbata est valde et tu Domine usquequo 6:4
Convertere Domine eripe animam meam salvum me

fac propter misericordiam tuam 6:5 Quoniam non est in morte qui memor sit tui in inferno autem quis confitebitur tibi 6:6 Laboravi in gemitu meo lavabo per singulas noctes lectum meum in lacrimis meis stratum meum rigabo 6:7 Turbatus est a furore oculus meus inveteravi inter omnes inimicos meos 6:8 Discedite a me omnes qui operamini iniquitatem quoniam exaudivit Dominus vocem fletus mei 6:9 Exaudivit Dominus deprecationem meam Dominus orationem meam suscepit 6:10 Erubescant et conturbentur vehementer omnes inimici mei convertantur et erubescant valde velociter

(psalmus David quem cantavit Domino
pro verbis Chusi filii Iemini)

7

Domine Deus meus in te speravi salvum me fac ex omnibus persequentibus me et libera me 7:2 Nequando rapiat ut leo animam meam dum non est qui redimat neque qui salvum faciat 7:3 Domine Deus meus si feci istud si est iniquitas in manibus meis 7:4 Si reddidi retribuentibus mihi mala decidam merito ab inimicis meis inanis 7:5 Persequatur inimicus animam meam et conprehendat et conculcet in terra vitam meam et gloriam meam in pulverem deducat diapsalma 7:6 Exsurge Domine in ira tua exaltare in finibus inimicorum meorum et exsurge Domine Deus meus in praecepto quod mandasti 7:7 Et synagoga populorum circumdabit te et propter hanc in altum regredere 7:8 Dominus iudicat populos iudica me Domine secundum iustitiam meam et secundum innocentiam meam super me 7:9 Consummetur nequitia peccatorum et diriges iustum et scrutans corda et renes Deus 7:10 Iustum adiutorium meum a Deo qui salvos facit rectos corde 7:11 Deus iudex iustus et fortis et patiens numquid irascitur per singulos dies 7:12 Nisi conversi fueritis gladium suum vibrabit arcum suum tetendit et paravit illum 7:13 Et in eo paravit vasa mortis sagittas suas ardentibus effecit 7:14 Ecce parturiit iniustitiam et; concepit dolorem et peperit iniquitatem 7:15 Lacum aperuit et effodit eum et incidet in foveam quam fecit 7:16 Convertetur dolor eius in caput eius et in verticem ipsius iniquitas eius descendet 7:17 Confitebor Domino secundum iustitiam eius et psallam nomini Domini altissimi

8

Domine Dominus noster quam admirabile est nomen tuum in universa terra quoniam elevata est magnificentia tua super caelos 8:2 Ex ore infantium et lactantium perfecisti laudem propter inimicos tuos ut destruas inimicum et ultorem 8:3 Quoniam videbo caelos tuos; opera digitorum tuorum lunam et stellas quae tu fundasti 8:4 Quid est homo quod memor es eius aut filius hominis quoniam visitas eum 8:5 Minuisti eum paulo minus ab angelis gloria et honore coronasti eum 8:6 Et constituisti eum super opera manuum tuarum 8:7 Omnia subiecisti sub pedibus eius oves et boves universas insuper et pecora campi 8:8 Volucres caeli et pisces maris qui perambulant semitas maris 8:9 Domine Dominus noster quam admirabile est nomen tuum in universa terra

(in finem pro occultis filii psalmus David)

9

Confitebor tibi Domine in toto corde meo narrabo omnia mirabilia tua 9:2 Laetabor et exultabo in te psallam nomini tuo Altissime 9:3 In convertendo inimicum meum retrorsum infirmabuntur et peribunt a facie tua 9:4 Quoniam fecisti iudicium meum et causam meam sedisti super thronum qui iudicas iustitiam 9:5 Increpasti gentes et; periit impius nomen eorum delisti in aeternum et in saeculum saeculi; 9:6 Inimici defecerunt frameae in finem et civitates destruxisti periit memoria eorum cum sonitu 9:7 Et Dominus in aeternum permanet paravit in iudicio thronum suum 9:8 Et ipse iudicabit orbem terrae in aequitate iudicabit populos in iustitia 9:9 Et factus est Dominus refugium pauperi adiutor in oportunitatibus in tribulatione 9:10 Et sperent in te qui noverunt nomen tuum quoniam non dereliquisti quaerentes te Domine 9:11 Psallite Domino qui habitat in Sion adnuntiate inter gentes studia eius 9:12 Quoniam requirens sanguinem eorum recordatus est non est oblitus clamorem pauperum 9:13 Miserere mei Domine vide humilitatem meam de inimicis meis 9:14 Qui exaltas me de portis mortis ut adnuntiem omnes laudationes tuas in portis filiae Sion

9:15 Exultabo in salutari tuo infixae sunt gentes in interitu quem fecerunt in laqueo isto quem absconderunt conprehensus est pes eorum 9:16 Cognoscitur Dominus iudicia faciens in operibus manuum suarum conprehensus est peccator canticum diapsalmatis 9:17 Convertantur peccatores in infernum omnes gentes quae obliviscuntur Deum 9:18 Quoniam non in finem oblivio erit pauperis patientia pauperum non peribit in finem 9:19 Exsurge Domine non confortetur homo iudicentur gentes in conspectu tuo 9:20 Constitue Domine legislatorem super eos sciant gentes quoniam homines sunt diapsalma

# 10

Ut quid Domine recessisti longe dispicis in oportunitatibus in tribulatione 10:2 Dum superbit impius incenditur pauper conprehenduntur in consiliis quibus cogitant 10:3 Quoniam laudatur peccator in desideriis animae suae et iniquus benedicitur 10:4 Exacerbavit

Dominum peccator secundum multitudinem irae suae non quaeret 10:5 Non est Deus in conspectu eius inquinatae sunt viae illius in omni tempore auferuntur iudicia tua a facie eius omnium inimicorum suorum dominabitur 10:6 Dixit enim in corde suo non movebor a generatione in generationem sine malo 10:7 Cuius maledictione os plenum est et amaritudine et dolo sub lingua eius labor et dolor 10:8 Sedet in insidiis cum divitibus in occultis ut interficiat innocentem 10:9 Oculi eius in pauperem respiciunt insidiatur in abscondito quasi leo in spelunca sua insidiatur ut rapiat pauperem rapere pauperem dum adtrahit eum 10:10 In laqueo suo humiliabit eum inclinabit se et cadet cum dominatus fuerit pauperum 10:11 Dixit enim in corde suo oblitus est Deus avertit faciem suam ne videat in finem 10:12 Exsurge Domine Deus exaltetur manus tua ne obliviscaris pauperum 10:13 Propter quid inritavit impius Deum dixit enim in corde suo non requiret 10:14 Vides quoniam tu laborem et dolorem consideras ut tradas eos in manus tuas tibi derelictus est pauper orfano tu eras adiutor 10:15 Contere brachium peccatoris et maligni quaeretur peccatum illius et non invenietur 10:16 Dominus regnabit in aeternum et in saeculum saeculi; peribitis gentes de terra illius 10:17 Desiderium pauperum exaudivit Dominus praeparationem cordis eorum audivit auris tua 10:18 Iudicare pupillo et humili ut non adponat ultra magnificare se homo

(in finem psalmus David)

## 11

In Domino confido quomodo dicitis animae meae transmigra in montes sicut passer 11:2 Quoniam ecce peccatores intenderunt arcum paraverunt sagittas suas in faretra ut sagittent in obscuro rectos corde 11:3 Quoniam quae perfecisti destruxerunt iustus autem; quid fecit 11:4 Dominus in templo sancto suo Dominus in caelo sedis eius oculi eius in pauperem; respiciunt palpebrae eius interrogant filios hominum 11:5 Dominus interrogat iustum et impium qui autem diligit iniquitatem odit animam suam 11:6 Pluet super peccatores laqueos ignis et sulphur et spiritus procellarum pars calicis eorum 11:7 Quoniam iustus Dominus et; iustitias dilexit aequitatem vidit vultus eius

(in finem pro octava psalmus David)

## 12

Salvum me fac Domine quoniam defecit sanctus quoniam deminutae sunt veritates a filiis hominum 12:2 Vana locuti sunt unusquisque ad proximum suum labia dolosa in corde et corde locuti sunt 12:3 Disperdat Dominus universa labia dolosa linguam magniloquam 12:4 Qui dixerunt linguam nostram magnificabimus labia nostra a nobis sunt quis noster dominus est 12:5 Propter miseriam inopum et gemitum pauperum nunc exsurgam dicit Dominus ponam in salutari fiducialiter agam in eo 12:6 Eloquia Domini eloquia casta argentum igne examinatum probatum terrae purgatum septuplum 12:7 Tu Domine servabis nos et custodies nos a generatione hac et in aeternum 12:8 In circuitu impii ambulant secundum altitudinem tuam multiplicasti filios hominum

(in finem psalmus David)

## 13

Usquequo Domine oblivisceris me in finem usquequo avertis faciem tuam a me

13:2 Quamdiu ponam consilia in anima mea
dolorem in corde meo per diem usquequo exaltabitur
inimicus meus super me 13:3 Respice exaudi
me Domine Deus meus inlumina oculos meos ne umquam
obdormiam in mortem 13:4 Nequando dicat
inimicus meus praevalui adversus eum qui tribulant
me exultabunt si motus fuero 13:5 Ego autem
in misericordia tua speravi exultabit cor meum in
salutari tuo 13:6 Cantabo Domino qui bona tribuit
mihi et psallam nomini Domini altissimi

(in finem psalmus David)

## 14

Dixit insipiens in corde suo non est Deus
corrupti sunt et abominabiles facti sunt in
studiis suis; non est qui faciat bonum non est usque ad
unum; 14:2 Dominus de caelo prospexit super filios
hominum ut videat si est intellegens aut; requirens
Deum 14:3 Omnes declinaverunt simul inutiles
facti sunt non est qui faciat bonum non est usque ad
unum sepulchrum patens est guttur eorum linguis
suis dolose agebant venenum aspidum sub labiis
eorum quorum os maledictione et amaritudine plenum
est veloces pedes eorum ad effundendum sanguinem

contritio et infelicitas in viis eorum et viam pacis
non cognoverunt non est timor Dei ante oculos eorum;
14:4 Nonne cognoscent omnes qui operantur
iniquitatem qui devorant plebem meam sicut escam
panis 14:5 Dominum non invocaverunt illic
trepidaverunt timore ubi non erat timor; 14:6
Quoniam Deus in generatione iusta consilium inopis
confudistis quoniam Dominus spes eius est 14:7
Quis dabit ex Sion salutare Israhel cum averterit
Dominus captivitatem plebis suae exultabit Iacob et
laetabitur Israhel

(psalmus David)

## 15

Domine quis habitabit in tabernaculo tuo aut
quis requiescet in monte sancto tuo 15:2
Qui ingreditur sine macula et operatur iustitiam
15:3 Qui loquitur veritatem in corde suo qui
non egit dolum in lingua sua nec fecit proximo suo
malum et obprobrium non accepit adversus proximos
suos 15:4 Ad nihilum deductus est in conspectu
eius malignus timentes autem Dominum glorificat
qui iurat proximo suo et non decipit 15:5 Qui

pecuniam suam non dedit ad usuram et munera super
innocentes non accepit qui facit haec non movebitur in
aeternum

(tituli inscriptio ipsi David)

## 16

Conserva me Domine quoniam in te speravi
16:2 Dixi Domino Dominus meus
es tu quoniam bonorum meorum non eges 16:3
Sanctis qui sunt in terra eius mirificavit mihi; omnes
voluntates meas in eis 16:4 Multiplicatae
sunt infirmitates eorum postea adceleraverunt non
congregabo conventicula eorum de sanguinibus nec
memor ero nominum eorum per labia mea 16:5
Dominus pars hereditatis meae et calicis mei tu es
qui restitues hereditatem meam mihi 16:6 Funes
ceciderunt mihi in praeclaris etenim hereditas mea
praeclara est mihi 16:7 Benedicam Domino qui
tribuit mihi intellectum insuper et usque ad noctem
increpaverunt me renes mei 16:8 Providebam
Dominum in conspectu meo semper quoniam a dextris
est mihi ne commovear 16:9 Propter hoc
laetatum est cor meum et exultavit lingua mea insuper
et caro mea requiescet in spe 16:10 Quoniam

non derelinques animam meam in inferno non dabis
sanctum tuum videre corruptionem 16:11
Notas mihi fecisti vias vitae adimplebis me laetitia
cum vultu tuo delectatio in dextera tua usque in finem

(oratio David)

17

Exaudi Domine iustitiam meam intende
deprecationem meam auribus percipe
orationem meam non in labiis dolosis 17:2 De
vultu tuo iudicium meum prodeat oculi tui videant
aequitates 17:3 Probasti cor meum visitasti
nocte igne me examinasti et non est inventa in me
iniquitas 17:4 Ut non loquatur os meum
opera hominum propter verba labiorum tuorum ego
custodivi vias duras 17:5 Perfice gressus
meos in semitis tuis ut non moveantur vestigia
mea 17:6 Ego clamavi quoniam exaudisti me
Deus inclina aurem tuam mihi et exaudi verba mea
17:7 Mirifica misericordias tuas qui salvos facis
sperantes in te 17:8 A resistentibus dexterae
tuae custodi me ut pupillam oculi sub umbra alarum

tuarum proteges me 17:9 A facie impiorum qui me
adflixerunt inimici mei animam meam circumdederunt
super me; 17:10 Adipem suum concluserunt os
eorum locutum est superbia 17:11 Proicientes
me nunc circumdederunt me oculos suos statuerunt
declinare in terram 17:12 Susceperunt me sicut leo
paratus ad praedam et sicut catulus leonis habitans in
abditis 17:13 Exsurge Domine praeveni eum et
subplanta eum eripe animam meam ab impio frameam
tuam 17:14 Ab inimicis manus tuae Domine a
paucis de terra divide eos in vita eorum de absconditis
tuis adimpletus est venter eorum saturati sunt filiis
et dimiserunt reliquias suas parvulis suis 17:15
Ego autem in iustitia apparebo conspectui tuo
satiabor cum apparuerit gloria tua

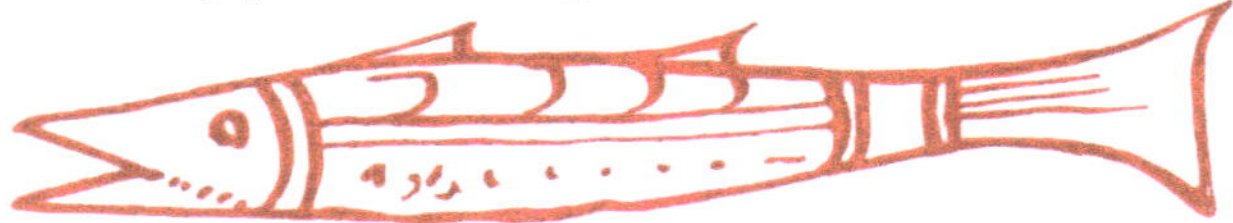

(in finem puero Domini David quae locutus est
Domino verba cantici huius in die qua eripuit
eum Dominus de manu omnium inimicorum
eius et de manu Saul et dixit)

## 18

Diligam te Domine fortitudo mea 18:2
Dominus firmamentum meum et refugium
meum et liberator meus Deus meus adiutor meus
et sperabo in eum protector meus et cornu salutis

meae et susceptor meus 18:3 Laudans invocabo
Dominum et ab inimicis meis salvus ero 18:4
Circumdederunt me dolores mortis et torrentes
iniquitatis conturbaverunt me 18:5 Dolores
inferni circumdederunt me praeoccupaverunt me laquei
mortis 18:6 Cum tribularer invocavi Dominum
et ad Deum meum clamavi exaudivit de templo sancto;
suo vocem meam et clamor meus in conspectu eius
introibit in aures eius 18:7 Et commota est et
contremuit terra et fundamenta montium conturbata
sunt et commota sunt quoniam iratus est eis 18:8
Ascendit fumus in ira eius et ignis a facie eius exarsit
carbones succensi sunt ab eo 18:9 Inclinavit caelos
et descendit et caligo sub pedibus eius 18:10 Et
ascendit super cherubin et volavit volavit super pinnas
ventorum 18:11 Et posuit tenebras latibulum suum
in circuitu eius tabernaculum eius tenebrosa aqua in
nubibus aeris 18:12 Prae fulgore in conspectu
eius nubes eius; transierunt grando et carbones
ignis 18:13 Et intonuit de caelo Dominus et
Altissimus dedit vocem suam grando et carbones ignis;
18:14 Et misit sagittas et dissipavit eos et
fulgora multiplicavit et conturbavit eos 18:15
Et apparuerunt fontes aquarum et revelata sunt
fundamenta orbis terrarum ab increpatione tua Domine
ab inspiratione spiritus irae tuae 18:16 Misit
de summo et accepit me adsumpsit me de aquis multis
18:17 Eripiet me de inimicis meis fortissimis et
ab his qui oderunt me quoniam confirmati sunt super

me 18:18 Praevenerunt me in die adflictionis meae et factus est Dominus protector meus 18:19 Et eduxit me in latitudinem salvum me faciet quoniam voluit me 18:20 Et; retribuet mihi Dominus secundum iustitiam meam et; secundum puritatem manuum mearum retribuet mihi 18:21 Quia custodivi vias Domini nec impie gessi a Deo meo 18:22 Quoniam omnia iudicia eius in conspectu meo sunt et iustitias eius non reppuli a me 18:23 Et ero inmaculatus cum eo et observabo ab iniquitate mea 18:24 Et retribuet mihi Dominus secundum iustitiam meam et secundum puritatem manuum mearum in conspectu oculorum eius 18:25 Cum sancto sanctus eris et cum viro innocente innocens eris 18:26 Et cum electo electus eris et cum perverso perverteris 18:27 Quoniam tu populum humilem salvum facies et oculos superborum humiliabis 18:28 Quoniam tu inluminas lucernam meam Domine Deus meus inluminas tenebras meas 18:29 Quoniam in te eripiar a temptatione et in Deo meo transgrediar murum 18:30 Deus meus inpolluta via eius eloquia Domini igne examinata protector est omnium sperantium in eum 18:31 Quoniam quis deus praeter Dominum et quis deus praeter Deum nostrum 18:32 Deus qui praecingit me virtute et posuit inmaculatam viam meam 18:33 Qui perfecit pedes meos tamquam cervorum et super excelsa statuens me 18:34 Qui doces manus meas in proelium et posuisti arcum

aereum brachia mea 18:35 Et dedisti mihi
protectionem salutis tuae et dextera tua suscepit me
et disciplina tua correxit me in finem et disciplina
tua ipsa me docebit 18:36 Dilatasti gressus
meos subtus me et non sunt infirmata vestigia mea
18:37 Persequar inimicos meos et conprehendam
illos et non convertar donec deficiant 18:38
Confringam illos nec poterunt stare cadent subtus
pedes meos 18:39 Et praecinxisti me virtute
ad bellum subplantasti insurgentes in me subtus me
18:40 Et inimicos meos dedisti mihi dorsum et
odientes me disperdisti 18:41 Clamaverunt nec
erat qui salvos faceret ad Dominum nec exaudivit eos
18:42 Et comminuam illos ut pulverem ante
faciem venti ut lutum platearum delebo eos 18:43
Eripe me de contradictionibus populi constitues me
in caput gentium 18:44 Populus quem non cognovi
servivit mihi in auditu auris oboedivit mihi 18:45
Filii alieni mentiti sunt mihi filii alieni inveterati
sunt et claudicaverunt a semitis suis 18:46 Vivit
Dominus et benedictus Deus meus et exaltetur Deus
salutis meae 18:47 Deus qui dat vindictas
mihi et subdidit populos sub me liberator meus de
gentibus iracundis 18:48 Et ab insurgentibus
in me exaltabis me a viro iniquo eripies me 18:49
Propterea confitebor tibi in nationibus Domine et
psalmum dicam nomini tuo 18:50 Magnificans
salutes regis eius et faciens misericordiam christo suo
David et semini eius usque in saeculum

(in finem psalmus David)

## 19

Caeli enarrant gloriam Dei et opera manuum eius adnuntiat firmamentum 19:2 Dies diei eructat verbum et nox nocti indicat scientiam 19:3 Non sunt loquellae neque sermones quorum non audiantur voces eorum 19:4 In omnem terram exivit sonus eorum et in fines orbis terrae verba eorum 19:5 In sole posuit tabernaculum suum et ipse tamquam sponsus procedens de thalamo suo exultavit ut gigans ad currendam viam suam; 19:6 A summo caeli egressio eius et occursus eius usque ad summum eius nec est qui se abscondat a calore eius 19:7 Lex Domini inmaculata convertens animas testimonium Domini fidele sapientiam praestans parvulis 19:8 Iustitiae Domini rectae laetificantes corda praeceptum Domini lucidum inluminans oculos 19:9 Timor Domini sanctus permanens in saeculum saeculi iudicia Domini vera iustificata in semet ipsa 19:10 Desiderabilia super aurum et lapidem pretiosum multum et dulciora super mel et favum 19:11 Etenim servus tuus custodit ea

in custodiendis illis retributio multa 19:12
Delicta quis intellegit ab occultis meis munda me
19:13 Et ab alienis parce servo tuo si mei non fuerint
dominati tunc inmaculatus ero et emundabor a delicto
maximo 19:14 Et erunt ut conplaceant eloquia
oris mei et meditatio cordis mei in conspectu tuo
semper Domine adiutor meus et redemptor meus

(in finem psalmus David)

## 20

Exaudiat te Dominus in die tribulationis
protegat te nomen Dei Iacob 20:2
Mittat tibi auxilium de sancto et de Sion tueatur
te 20:3 Memor sit omnis sacrificii tui et
holocaustum tuum pingue fiat diapsalma 20:4
Tribuat tibi secundum cor tuum et omne consilium
tuum confirmet 20:5 Laetabimur in salutari
tuo et in nomine Dei nostri magnificabimur 20:6
Impleat Dominus omnes petitiones tuas nunc cognovi
quoniam salvum fecit Dominus christum suum exaudiet
illum de caelo sancto suo in potentatibus salus dexterae
eius 20:7 Hii in curribus et hii in equis nos autem

in nomine Domini Dei nostri invocabimus 20:8 Ipsi
obligati sunt et ceciderunt nos vero surreximus et
erecti sumus 20:9 Domine salvum fac regem
et exaudi nos in die qua invocaverimus te

(in finem psalmus David)

## 21

Domine in virtute tua laetabitur rex et
super salutare tuum exultabit vehementer
21:2 Desiderium animae eius tribuisti
ei et voluntate labiorum eius non fraudasti eum
diapsalma 21:3 Quoniam praevenisti eum in
benedictionibus dulcedinis posuisti in capite eius
coronam de lapide pretioso 21:4 Vitam petiit a
te et tribuisti ei longitudinem dierum in saeculum
et in saeculum saeculi 21:5 Magna gloria eius
in salutari tuo gloriam et magnum decorem inpones
super eum 21:6 Quoniam dabis eum benedictionem
in saeculum saeculi laetificabis eum in gaudio cum
vultu tuo 21:7 Quoniam rex sperat in
Domino et in misericordia Altissimi non commovebitur
21:8 Inveniatur manus tua omnibus inimicis tuis
dextera tua inveniat omnes; qui te oderunt 21:9
Pones eos ut clibanum ignis in tempore vultus tui

Dominus in ira sua conturbabit eos et devorabit eos
ignis      21:10 Fructum eorum de terra perdes
et semen eorum a filiis hominum      21:11 Quoniam
declinaverunt in te mala cogitaverunt consilia quae
non potuerunt stabilire;      21:12 Quoniam
pones eos dorsum in reliquis tuis praeparabis vultum
eorum      21:13 Exaltare Domine in virtute tua
cantabimus et psallemus virtutes tuas

(in finem pro adsumptione matutina psalmus David)

## 22

Deus Deus meus respice me; quare me
dereliquisti longe a salute mea verba
delictorum meorum      22:2 Deus meus clamabo per
diem et non exaudies et nocte et non ad insipientiam
mihi      22:3 Tu autem in sancto habitas Laus
Israhel      22:4 In te speraverunt patres nostri
speraverunt et liberasti eos      22:5 Ad te
clamaverunt et salvi facti sunt in te speraverunt
et non sunt confusi      22:6 Ego autem sum vermis
et non homo obprobrium hominum et abiectio plebis
     22:7 Omnes videntes me deriserunt me locuti
sunt labiis moverunt caput      22:8 Speravit in
Domino eripiat eum salvum faciat eum quoniam vult

eum 22:9 Quoniam tu es qui extraxisti me de
ventre spes mea ab uberibus matris meae 22:10
In te proiectus sum ex utero de ventre matris meae
Deus meus es tu 22:11 Ne discesseris a me
quoniam tribulatio proxima est quoniam non est qui
adiuvet 22:12 Circumdederunt me vituli multi tauri
pingues obsederunt me 22:13 Aperuerunt super me
os suum sicut leo rapiens et rugiens 22:14
Sicut aqua effusus sum et dispersa sunt universa ossa
mea factum est cor meum tamquam cera liquescens
in medio ventris mei 22:15 Aruit tamquam
testa virtus mea et lingua mea adhesit faucibus
meis et in limum mortis deduxisti me 22:16
Quoniam circumdederunt me canes multi concilium
malignantium obsedit me foderunt manus meas et
pedes meos 22:17 Dinumeraverunt omnia
ossa mea ipsi vero consideraverunt et inspexerunt
me 22:18 Diviserunt sibi vestimenta mea et
super vestem meam miserunt sortem 22:19
Tu autem Domine ne elongaveris auxilium tuum
ad defensionem meam conspice 22:20 Erue a
framea animam meam et de manu canis unicam meam
22:21 Salva me ex ore leonis et a cornibus
unicornium humilitatem meam 22:22 Narrabo
nomen tuum fratribus meis in media ecclesia laudabo
te 22:23 Qui timetis Dominum laudate eum
universum semen Iacob magnificate eum 22:24
Timeat eum omne semen Israhel quoniam non sprevit
neque dispexit deprecationem pauperis nec avertit

faciem suam a me et cum clamarem ad eum exaudivit me; 22:25 Apud te laus mea in ecclesia magna vota mea reddam in conspectu timentium eum 22:26 Edent pauperes et saturabuntur et laudabunt Dominum qui requirunt eum vivent corda eorum in saeculum saeculi 22:27 Reminiscentur et convertentur ad Dominum universi fines terrae et adorabunt in conspectu eius universae familiae gentium 22:28 Quoniam Dei est regnum et ipse; dominabitur gentium 22:29 Manducaverunt et adoraverunt omnes pingues terrae in conspectu eius cadent omnes qui descendunt in terram 22:30 Et anima mea illi vivet et semen meum serviet ipsi 22:31 Adnuntiabitur Domino generatio ventura et adnuntiabunt iustitiam eius populo qui nascetur quem fecit Dominus;

(psalmus David)

## 23

Dominus reget me et nihil mihi deerit 23:2 In loco pascuae ibi; me conlocavit super aquam refectionis educavit me 23:3 Animam meam convertit deduxit me super semitas iustitiae propter nomen suum 23:4 Nam et si ambulavero in medio umbrae

mortis non timebo mala quoniam tu mecum es virga
tua et baculus tuus ipsa me consolata sunt 23:5
Parasti in conspectu meo mensam adversus eos qui
tribulant me inpinguasti in oleo caput meum et calix
meus inebrians quam praeclarus est 23:6 Et
misericordia tua subsequitur me omnibus diebus vitae
meae et ut inhabitem in domo Domini in longitudinem
dierum

(psalmus David)

24

Prima sabbati Domini est terra et plenitudo
eius orbis terrarum et universi; qui habitant
in eo 24:2 Quia; ipse super maria fundavit
eum et super flumina praeparavit eum 24:3 Quis
ascendit in montem Domini aut quis stabit in loco
sancto eius 24:4 Innocens manibus et mundo corde
qui non accepit in vano animam suam nec iuravit in dolo
proximo suo 24:5 Hic accipiet benedictionem
a Domino et misericordiam a Deo salvatore suo
24:6 Haec est generatio quaerentium eum
quaerentium faciem Dei Iacob diapsalma 24:7
Adtollite portas principes vestras et elevamini

portae aeternales et introibit rex gloriae 24:8
Quis est iste rex gloriae Dominus fortis et potens
Dominus potens in proelio 24:9 Adtollite portas
principes vestras et elevamini portae aeternales et
introibit rex gloriae 24:10 Quis est iste rex gloriae
Dominus virtutum ipse est rex gloriae diapsalma

(psalmus David)

## 25

Ad te Domine levavi animam meam
25:2 Deus meus in te confido non
erubescam 25:3 Neque inrideant me inimici mei
etenim universi qui sustinent te non confundentur
25:4 Confundantur omnes; iniqua agentes
supervacue vias tuas Domine demonstra mihi et;
semitas tuas doce me 25:5 Dirige me in
veritatem tuam et doce me quoniam tu es Deus salvator
meus et te sustinui tota die 25:6 Reminiscere
miserationum tuarum Domine et misericordiarum
tuarum quia a saeculo sunt 25:7 Delicta
iuventutis meae et ignorantias meas ne memineris
secundum misericordiam tuam memento mei tu;
propter bonitatem tuam Domine 25:8 Dulcis et
rectus Dominus propter hoc legem dabit delinquentibus

in via 25:9 Diriget mansuetos in iudicio docebit
mites vias suas 25:10 Universae viae Domini
misericordia et veritas requirentibus testamentum
eius et testimonia eius 25:11 Propter nomen
tuum Domine et propitiaberis peccato meo multum
est enim 25:12 Quis est homo qui timet
Dominum legem statuet ei in via quam elegit 25:13
Anima eius in bonis demorabitur et semen ipsius
hereditabit terram 25:14 Firmamentum est
Dominus timentibus eum et testamentum ipsius ut
manifestetur illis 25:15 Oculi mei semper ad
Dominum quoniam ipse evellet de laqueo pedes meos
25:16 Respice in me et miserere mei quia unicus
et pauper sum ego 25:17 Tribulationes cordis
mei multiplicatae sunt de necessitatibus meis erue
me 25:18 Vide humilitatem meam et laborem
meum et dimitte universa delicta mea 25:19
Respice inimicos meos quoniam multiplicati sunt
et odio iniquo oderunt me 25:20 Custodi animam
meam et erue me non erubescam quoniam speravi
in te 25:21 Innocentes et recti adheserunt
mihi quia sustinui te 25:22 Libera Deus Israhel ex
omnibus tribulationibus suis

# 26

Iudica me Domine quoniam ego in innocentia mea ingressus sum et in Domino sperans non infirmabor 26:2 Proba me Domine et tempta me ure renes meos et cor meum 26:3 Quoniam misericordia tua ante oculos meos est et conplacui in veritate tua 26:4 Non sedi cum concilio vanitatis et cum iniqua gerentibus non introibo 26:5 Odivi ecclesiam malignantium et cum impiis non sedebo 26:6 Lavabo inter innocentes manus meas et circumdabo altare tuum Domine 26:7 Ut audiam vocem laudis et enarrem universa mirabilia tua 26:8 Domine dilexi decorem domus tuae et locum habitationis gloriae tuae 26:9 Ne perdas cum impiis animam meam et cum viris sanguinum vitam meam 26:10 In quorum manibus iniquitates sunt dextera eorum repleta est muneribus 26:11 Ego autem in innocentia mea ingressus sum redime me et miserere mei 26:12 Pes meus stetit in directo in ecclesiis benedicam te; Domine

(David priusquam liniretur)

## 27

Dominus inluminatio mea et salus mea quem timebo Dominus protector vitae meae a quo trepidabo 27:2 Dum adpropiant super me nocentes ut edant carnes meas qui tribulant me et inimici mei ipsi infirmati sunt et ceciderunt 27:3 Si consistant adversus me castra non timebit cor meum si exsurgat adversus me proelium in hoc ego sperabo 27:4 Unam petii a Domino hanc requiram ut inhabitem in domo Domini omnes dies vitae meae ut videam voluntatem Domini et visitem templum eius 27:5 Quoniam abscondit me in tabernaculo in die malorum protexit me in abscondito tabernaculi sui 27:6 In petra exaltavit me et nunc exaltavit caput meum super inimicos meos circuivi et immolavi in tabernaculo eius hostiam vociferationis cantabo et psalmum dicam Domino 27:7 Exaudi Domine vocem meam qua clamavi miserere mei et exaudi me 27:8 Tibi dixit cor meum exquisivit facies mea faciem tuam Domine requiram 27:9 Ne avertas faciem tuam a me ne declines in ira a servo tuo adiutor meus esto ne derelinquas me neque dispicias me Deus salvator meus 27:10 Quoniam pater meus et mater mea dereliquerunt me Dominus autem adsumpsit me 27:11 Legem pone mihi Domine in via tua et dirige me in semita recta

propter inimicos meos ⟨image⟩ 27:12 Ne tradideris me
in animas tribulantium me quoniam insurrexerunt in
me testes iniqui et mentita est iniquitas sibi ⟨image⟩ 27:13
Credo videre bona Domini in terra viventium ⟨image⟩ 27:14
Expecta Dominum viriliter age et confortetur cor
tuum et sustine Dominum

(huic David)

## 28

Ad te Domine clamabo Deus meus ne sileas
a me nequando taceas a me et adsimilabor
descendentibus in lacum ⟨image⟩ 28:2 Exaudi vocem
deprecationis meae dum oro ad te dum extollo manus
meas ad templum sanctum tuum ⟨image⟩ 28:3 Ne
simul tradas me cum peccatoribus et cum operantibus
iniquitatem ne perdideris me; qui loquuntur pacem
cum proximo suo mala autem sunt in cordibus eorum
⟨image⟩ 28:4 Da illis secundum opera ipsorum et
secundum nequitiam adinventionum ipsorum secundum
opera manuum eorum tribue illis redde retributionem

eorum ipsis 28:5 Quoniam non intellexerunt opera
Domini et in opera manuum eius destrues illos et non
aedificabis eos 28:6 Benedictus Dominus quoniam
exaudivit vocem deprecationis meae 28:7 Dominus
adiutor meus et protector meus in ipso speravit cor
meum et adiutus sum et refloruit caro mea et ex
voluntate mea confitebor ei 28:8 Dominus
fortitudo plebis suae et protector salvationum christi
sui est 28:9 Salvam fac plebem tuam et benedic
hereditati tuae et rege eos et extolle eos usque in
aeternum

(psalmus David)

29

In consummatione tabernaculi adferte
Domino filii Dei adferte Domino filios
arietum 29:2 Adferte Domino gloriam et
honorem adferte Domino gloriam nomini eius adorate
Dominum in atrio sancto eius 29:3 Vox Domini
super aquas Deus maiestatis intonuit Dominus super
aquas multas 29:4 Vox Domini in virtute vox Domini
in magnificentia 29:5 Vox Domini confringentis
cedros et confringet Dominus cedros Libani 29:6
Et communuet eas tamquam vitulum Libani et

dilectus quemadmodum filius unicornium 29:7
Vox Domini intercidentis flammam ignis 29:8
Vox Domini concutientis desertum et commovebit
Dominus desertum Cades 29:9 Vox Domini
praeparantis cervos et revelabit condensa et in templo
eius omnis dicet gloriam 29:10 Dominus
diluvium inhabitare facit et sedebit Dominus rex in
aeternum 29:11 Dominus virtutem populo suo
dabit Dominus benedicet populo suo in pace

(psalmus cantici in dedicatione domus David)

## 30

Exaltabo te Domine quoniam suscepisti
me nec delectasti inimicos meos super me
30:2 Domine Deus meus clamavi ad te et
sanasti me 30:3 Domine eduxisti ab inferno
animam meam salvasti me a descendentibus in lacum
30:4 Psallite Domino sancti eius et confitemini
memoriae sanctitatis eius 30:5 Quoniam ira in
indignatione eius et vita in voluntate eius ad vesperum
demorabitur fletus et ad matutinum laetitia
30:6 Ego autem dixi in abundantia mea non
movebor in aeternum 30:7 Domine in voluntate

tua praestitisti decori meo virtutem avertisti
faciem tuam et factus sum conturbatus 30:8 Ad
te Domine clamabo et ad Deum meum deprecabor
30:9 Quae utilitas in sanguine meo dum
descendo in corruptionem numquid confitebitur tibi
pulvis aut adnuntiabit veritatem tuam 30:10
Audivit Dominus et misertus est mei Dominus factus
est adiutor meus 30:11 Convertisti planctum
meum in gaudium mihi conscidisti saccum meum et
circumdedisti me laetitia 30:12 Ut cantet
tibi gloria mea et non conpungar Domine Deus meus in
aeternum confitebor tibi

(in finem psalmus David)

# 31

In te Domine speravi non confundar in
aeternum in iustitia tua libera me 31:2
Inclina ad me aurem tuam adcelera ut eruas me esto
mihi in Deum protectorem et in domum refugii ut salvum
me facias 31:3 Quoniam fortitudo mea et
refugium meum es tu et propter nomen tuum deduces
me et enutries me 31:4 Educes me de laqueo hoc

quem absconderunt mihi quoniam tu es protector meus 31:5 In manus tuas commendabo spiritum meum redemisti me Domine Deus veritatis 31:6 Odisti observantes vanitates supervacue ego autem in Domino speravi 31:7 Exultabo et laetabor in misericordia tua quoniam respexisti humilitatem meam salvasti de necessitatibus animam meam 31:8 Nec conclusisti me in manibus inimici statuisti in loco spatioso pedes meos 31:9 Miserere mei Domine quoniam tribulor conturbatus est in ira oculus meus anima mea et venter meus 31:10 Quoniam defecit in dolore vita mea et anni mei in gemitibus infirmata est in paupertate virtus mea et ossa mea conturbata sunt 31:11 Super omnes inimicos meos factus sum obprobrium et vicinis meis valde et timor notis meis qui videbant me foras fugerunt a me 31:12 Oblivioni datus sum tamquam mortuus a corde factus sum tamquam vas perditum 31:13 Quoniam audivi vituperationem multorum commorantium in circuitu in eo dum convenirent simul adversus me accipere animam meam consiliati sunt 31:14 Ego autem in te speravi Domine dixi Deus meus es tu 31:15 In manibus tuis sortes meae eripe me de manu inimicorum meorum et a persequentibus me 31:16 Inlustra faciem tuam super servum tuum salvum me fac in misericordia tua 31:17 Domine ne confundar quoniam invocavi te erubescant impii et deducantur in infernum 31:18 Muta fiant labia dolosa quae loquuntur adversus iustum

iniquitatem in superbia et in abusione  31:19
Quam magna multitudo dulcedinis tuae Domine;
quam abscondisti timentibus te perfecisti eis qui
sperant in te in conspectu filiorum hominum 31:20
Abscondes eos in abdito faciei tuae a conturbatione
hominum proteges eos in tabernaculo a contradictione
linguarum 31:21 Benedictus Dominus quoniam
mirificavit misericordiam suam mihi in civitate munita
31:22 Ego autem dixi in excessu mentis meae
proiectus sum a facie oculorum tuorum ideo exaudisti
vocem orationis meae dum clamarem ad te 31:23
Diligite Dominum omnes sancti eius quoniam;
veritates requirit Dominus et retribuit abundanter
facientibus superbiam 31:24 Viriliter agite et
confortetur cor vestrum omnes qui speratis in Domino

(huic David)

## 32

Intellectus beati quorum remissae sunt
iniquitates et quorum tecta sunt peccata
32:2 Beatus vir cui non inputabit Dominus
peccatumnecestinspiritueiusdolus 32:3 Quoniam
tacui inveteraverunt ossa mea dum clamarem tota
die 32:4 Quoniam die ac nocte gravata est super

me manus tua conversus sum in aerumna mea; dum configitur mihi; spina diapsalma 32:5 Delictum meum cognitum tibi; feci et iniustitiam meam non abscondi dixi confitebor adversus me iniustitiam meam Domino et tu remisisti impietatem peccati mei diapsalma 32:6 Pro hac orabit ad te omnis sanctus in tempore oportuno verumtamen in diluvio aquarum multarum ad eum non adproximabunt 32:7 Tu es refugium meum a tribulatione quae circumdedit me exultatio mea erue me a circumdantibus me diapsalma 32:8 Intellectum tibi dabo et instruam te in via hac qua gradieris firmabo super te oculos meos 32:9 Nolite fieri sicut equus et mulus quibus non est intellectus in camo et freno maxillas eorum constringe qui non adproximant ad te 32:10 Multa flagella peccatoris sperantem autem in Domino misericordia circumdabit 32:11 Laetamini in Domino et exultate iusti et gloriamini omnes recti corde

(psalmus David)

## 33

Exultate iusti in Domino rectos decet laudatio 33:2 Confitemini Domino in cithara in psalterio decem cordarum psallite illi 33:3 Cantate ei canticum novum bene psallite in vociferatione 33:4 Quia rectum est verbum Domini et omnia opera eius in fide 33:5 Diligit misericordiam et iudicium misericordia Domini plena est terra 33:6 Verbo Domini caeli firmati sunt et spiritu oris eius omnis virtus eorum 33:7 Congregans sicut in utre aquas maris ponens in thesauris abyssos 33:8 Timeat Dominum omnis terra ab eo autem commoveantur omnes inhabitantes orbem 33:9 Quoniam ipse dixit et facta sunt ipse mandavit et creata sunt 33:10 Dominus dissipat consilia gentium reprobat autem cogitationes populorum et reprobat consilia principum; 33:11 Consilium autem Domini in aeternum manet cogitationes cordis eius in generatione et generationem 33:12 Beata gens cuius est Dominus Deus eius populus quem elegit in hereditatem sibi 33:13 De caelo respexit Dominus vidit omnes filios hominum 33:14 De praeparato habitaculo suo respexit super omnes qui habitant terram 33:15 Qui finxit singillatim corda eorum qui intellegit omnia opera illorum 33:16 Non salvatur rex per multam virtutem et gigans non salvabitur in multitudine virtutis suae 33:17 Fallax equus ad salutem in abundantia autem virtutis suae non salvabitur 33:18 Ecce oculi Domini super metuentes eum qui sperant super misericordia eius 33:19 Ut eruat a morte animas eorum et alat eos in fame  33:20 Anima nostra sustinet Dominum quoniam adiutor et protector noster est 33:21 Quia in eo laetabitur cor nostrum et in nomine sancto eius speravimus 33:22 Fiat misericordia tua Domine super nos quemadmodum speravimus in te

(David cum inmutavit vultum suum coram Abimelech et dimisit eum et abiit)

## 34

Benedicam Dominum in omni tempore semper laus eius in ore meo 34:2 In Domino laudabitur anima mea audiant mansueti et laetentur 34:3 Magnificate Dominum mecum et exaltemus nomen eius in id ipsum 34:4 Exquisivi Dominum et exaudivit me et ex omnibus tribulationibus meis eripuit me 34:5 Accedite ad eum et inluminaminietfaciesvestraenonconfundentur 34:6 Iste pauper clamavit et Dominus exaudivit eum; et de omnibus tribulationibus eius salvavit eum 34:7 Vallabit angelus Domini in circuitu timentium eum et eripiet eos 34:8 Gustate et videte quoniam suavis est Dominus beatus vir qui sperat in eo 34:9

Timete Dominum omnes; sancti eius quoniam non est inopia timentibus eum 34:10 Divites eguerunt et esurierunt inquirentes autem Dominum non minuentur omni bono diapsalma 34:11 Venite filii audite me timorem Domini docebo vos 34:12 Quis est homo qui vult vitam cupit videre dies bonos 34:13 Prohibe linguam tuam a malo et labia tua ne loquantur dolum 34:14 Deverte a malo et fac bonum inquire pacem et persequere eam 34:15 Oculi Domini super iustos et aures eius in precem eorum 34:16 Facies Domini super facientes mala ut perdat de terra memoriam eorum 34:17 Clamaverunt iusti et Dominus exaudivit et ex omnibus tribulationibus eorum liberavit eos 34:18 Iuxta est Dominus his qui tribulato sunt corde et humiles spiritu salvabit 34:19 Multae tribulationes iustorum et de omnibus his liberavit eos 34:20 Dominus custodit omnia ossa eorum unum ex his non conteretur 34:21 Mors peccatorum pessima et qui oderunt iustum delinquent 34:22 Redimet Dominus animas servorum suorum et non delinquent omnes qui sperant in eum

## 35

Iudica Domine nocentes me expugna expugnantes me 35:2 Adprehende arma et scutum et exsurge in adiutorium mihi 35:3 Effunde frameam et conclude adversus eos qui persequuntur me dic animae meae salus tua ego sum 35:4 Confundantur et revereantur quaerentes animam meam avertantur retrorsum et confundantur cogitantes mihi mala 35:5 Fiant tamquam pulvis ante faciem venti et angelus Domini coartans eos 35:6 Fiat via illorum tenebrae et lubricum et angelus Domini persequens eos 35:7 Quoniam gratis absconderunt mihi interitum laquei sui supervacue exprobraverunt animam meam 35:8 Veniat illi laqueus quem ignorat et captio quam abscondit conprehendat eum et in laqueo cadat in ipso 35:9 Anima autem mea exultabit in Domino delectabitur super salutari suo 35:10 Omnia ossa mea dicent Domine quis similis tui eripiens inopem de manu fortiorum eius egenum et pauperem a diripientibus eum 35:11 Surgentes testes iniqui quae ignorabam interrogabant me 35:12 Retribuebant mihi mala pro bonis sterilitatem animae meae 35:13 Ego autem cum mihi molesti essent induebar cilicio humiliabam in ieiunio animam meam et oratio mea in sinum meum convertetur 35:14 Quasi proximum quasi fratrem nostrum sic conplacebam quasi lugens et contristatus sic humiliabar 35:15 Et adversum me laetati sunt et convenerunt congregata sunt super me flagella et ignoravi 35:16 Dissipati sunt nec conpuncti temptaverunt me subsannaverunt me subsannatione frenduerunt super me dentibus suis 35:17 Domine quando respicies restitue animam meam a malignitate eorum a leonibus unicam meam 35:18 Confitebor tibi in ecclesia magna in populo gravi laudabo te 35:19 Non supergaudeant mihi qui adversantur mihi inique qui oderunt me gratis et annuunt oculis 35:20 Quoniam mihi quidem pacifice loquebantur et in iracundia terrae loquentes; dolos cogitabant 35:21 Et dilataverunt super me os suum dixerunt euge euge viderunt oculi nostri 35:22 Vidisti Domine ne sileas Domine ne discedas a me 35:23 Exsurge et intende iudicio meo Deus meus et Dominus meus in causam meam 35:24 Iudica me secundum iustitiam tuam Domine Deus meus et non supergaudeant mihi 35:25 Non dicant in cordibus suis euge euge animae nostrae nec dicant devoravimus eum 35:26 Erubescant et revereantur simul qui gratulantur malis meis induantur confusione et reverentia qui magna loquuntur super me 35:27 Exultent et laetentur qui volunt iustitiam meam et dicant semper magnificetur Dominus qui volunt pacem servi eius 35:28 Et lingua mea meditabitur iustitiam

tuam tota die laudem tuam

## 36

**D**ixit iniustus ut delinquat in semet ipso non est timor Dei ante oculos eius 36:2 Quoniam dolose egit in conspectu eius ut inveniatur iniquitas eius ad odium 36:3 Verba oris eius iniquitas et dolus noluit intellegere ut bene ageret 36:4 Iniquitatem meditatus est in cubili suo adstetit omni viae non bonae malitiam autem non odivit 36:5 Domine in caelo misericordia tua et veritas tua usque ad nubes 36:6 Iustitia tua sicut montes Dei iudicia tua abyssus multa homines et iumenta salvabis Domine 36:7 Quemadmodum multiplicasti misericordiam tuam Deus filii autem hominum in tegmine alarum tuarum sperabunt 36:8 Inebriabuntur ab ubertate domus tuae et torrente voluntatis tuae potabis eos 36:9 Quoniam apud te fons vitae in lumine tuo videbimus lumen 36:10 Praetende misericordiam tuam scientibus te et iustitiam tuam his qui recto sunt corde 36:11 Non veniat mihi pes superbiae et manus peccatoris non moveat me 36:12 Ibi ceciderunt qui operantur iniquitatem expulsi sunt nec potuerunt stare

(ipsi David)

## 37

Noli aemulari in malignantibus neque zelaveris facientes iniquitatem 37:2 Quoniam tamquam faenum velociter arescent et quemadmodum holera herbarum cito decident 37:3 Spera in Domino et fac bonitatem et inhabita terram et pasceris in divitiis eius 37:4 Delectare in Domino et dabit tibi petitiones cordis tui 37:5 Revela Domino viam tuam et spera in eum et ipse faciet 37:6 Et educet quasi lumen iustitiam tuam et iudicium tuum tamquam meridiem 37:7 Subditus esto Domino et ora eum noli aemulari in eo qui prosperatur in via sua in homine faciente iniustitias 37:8 Desine ab ira et derelinque furorem noli aemulari ut maligneris 37:9 Quoniam qui malignantur exterminabuntur sustinentes autem Dominum ipsi hereditabunt terram 37:10 Et adhuc pusillum et non erit peccator et quaeres locum eius et non invenies 37:11 Mansueti autem hereditabunt terram et delectabuntur in multitudine pacis 37:12

Observabit peccator iustum et stridebit super eum dentibus suis 37:13 Dominus autem inridebit eum quia prospicit quoniam veniet dies eius 37:14 Gladium evaginaverunt peccatores intenderunt arcum suum ut decipiant pauperem et inopem ut trucident rectos corde 37:15 Gladius eorum intret in corda ipsorum et arcus ipsorum confringatur 37:16 Melius est modicum iusto super divitias peccatorum multas 37:17 Quoniam brachia peccatorum conterentur confirmat autem iustos Dominus 37:18 Novit Dominus dies inmaculatorum et hereditas eorum in aeternum erit 37:19 Non confundentur in tempore malo et in diebus famis saturabuntur 37:20 Quia peccatores peribunt inimici vero Domini mox honorificati fuerint et exaltati deficientes quemadmodum fumus defecerunt 37:21 Mutuabitur peccator et non solvet iustus autem miseretur et tribuet 37:22 Quia benedicentes ei hereditabunt terram maledicentes autem ei disperibunt 37:23 Apud Dominum gressus hominis dirigentur et viam eius volet 37:24 Cum ceciderit non conlidetur quia Dominus subponit manum suam 37:25 Iunior fui et senui et non vidi iustum derelictum nec semen eius quaerens panes 37:26 Tota die miseretur et commodat et semen illius in benedictione erit 37:27 Declina a malo et fac bonum et inhabita in saeculum saeculi 37:28 Quia Dominus amat iudicium et non derelinquet sanctos suos in aeternum conservabuntur iniusti

punientur et semen impiorum peribit 37:29
Iusti autem hereditabunt terram et inhabitabunt
in saeculum saeculi; super eam 37:30 Os iusti
meditabitur sapientiam et lingua eius loquetur
iudicium 37:31 Lex Dei eius in corde ipsius et non
subplantabuntur gressus eius 37:32 Considerat
peccator iustum et quaerit mortificare eum 37:33
Dominus autem non derelinquet eum in manus eius
nec damnabit eum cum iudicabitur illi 37:34
Expecta Dominum et custodi viam eius et exaltabit te
ut hereditate capias terram cum perierint peccatores
videbis 37:35 Vidi impium superexaltatum
et elevatum sicut cedros Libani 37:36 Et transivi et
ecce non erat et quaesivi eum et non est inventus locus
eius 37:37 Custodi innocentiam et vide aequitatem
quoniam sunt reliquiae homini pacifico 37:38
Iniusti autem disperibunt simul reliquiae impiorum
peribunt 37:39 Salus autem iustorum a Domino et
protector eorum in tempore tribulationis 37:40
Et adiuvabit eos Dominus et liberabit eos et eruet eos
a peccatoribus et salvabit eos quia speraverunt in eo

# 38

Domine ne in furore tuo arguas me neque in ira tua corripias me 38:2 Quoniam sagittae tuae infixae sunt mihi et confirmasti super me manum tuam 38:3 Non est sanitas carni meae a facie irae tuae non est pax ossibus meis a facie peccatorum meorum 38:4 Quoniam iniquitates meae supergressae sunt caput meum sicut onus grave gravatae sunt super me 38:5 Putruerunt et corruptae sunt cicatrices meae a facie insipientiae meae 38:6 Miser factus sum et curvatus sum usque ad finem tota die contristatus ingrediebar 38:7 Quoniam lumbi mei impleti sunt inlusionibus et non est sanitas in carne mea 38:8 Adflictus sum et humiliatus sum nimis rugiebam a gemitu cordis mei 38:9 Domine ante te omne desiderium meum et gemitus meus a te non est absconditus 38:10 Cor meum conturbatum est dereliquit me virtus mea et lumen oculorum meorum et ipsum non est mecum 38:11 Amici mei et proximi mei adversus me adpropinquaverunt et steterunt et qui iuxta me erant de longe steterunt 38:12 Et vim faciebant qui quaerebant animam meam et qui inquirebant mala mihi locuti sunt vanitates et dolos tota die meditabantur 38:13 Ego autem tamquam surdus non audiebam et sicut mutus non aperiens os suum 38:14 Et factus sum sicut homo non audiens et non habens in ore suo redargutiones 38:15 Quoniam in te Domine speravi tu exaudies Domine Deus meus 38:16 Quia dixi nequando supergaudeant mihi inimici mei et dum commoventur pedes mei super me magna locuti sunt 38:17 Quoniam ego in flagella paratus et dolor meus in conspectu meo semper 38:18 Quoniam iniquitatem meam adnuntiabo et; cogitabo pro peccato meo 38:19 Inimici autem mei vivent et firmati sunt super me et multiplicati sunt qui oderunt me inique 38:20 Qui retribuunt mala pro bonis detrahebant mihi quoniam sequebar bonitatem 38:21 Non derelinquas me Domine Deus meus ne discesseris a me 38:22 Intende in adiutorium meum Domine salutis meae

(in finem Idithun canticum David)

## 39

Dixi custodiam vias meas ut non delinquam in lingua mea posui ori meo custodiam cum consisteret peccator adversum me 39:2 Obmutui et humiliatus sum et silui a bonis et dolor meus renovatus est 39:3 Concaluit cor meum intra me et in meditatione mea exardescet ignis 39:4 Locutus sum in lingua mea notum fac mihi Domine finem meum et numerum dierum meorum quis est ut sciam quid desit mihi 39:5 Ecce mensurabiles posuisti dies meos et substantia mea tamquam nihilum ante te verumtamen universa vanitas omnis homo vivens diapsalma 39:6 Verumtamen in imagine pertransit homo sed et frustra conturbatur thesaurizat et ignorat cui congregabit ea 39:7 Et nunc quae est expectatio mea nonne Dominus et substantia mea apud te est 39:8 Ab omnibus iniquitatibus meis erue me obprobrium insipienti dedisti me 39:9 Obmutui et; non aperui os meum quoniam tu fecisti 39:10 Amove a me plagas tuas 39:11 A fortitudine manus tuae ego defeci in increpationibus propter iniquitatem corripuisti hominem et tabescere fecisti sicut araneam animam eius verumtamen vane conturbatur; omnis homo diapsalma 39:12 Exaudi orationem meam Domine et deprecationem meam auribus percipe lacrimas meas ne sileas quoniam advena sum apud te et peregrinus sicut omnes patres mei 39:13 Remitte mihi ut refrigerer priusquam abeam et amplius non ero

## 40

Expectans expectavi Dominum et intendit mihi 40:2 Et exaudivit preces meas et eduxit me de lacu miseriae et de luto fecis et statuit super petram pedes meos et direxit gressus meos 40:3 Et inmisit in os meum canticum novum carmen Deo nostro videbunt multi et timebunt et sperabunt in Domino 40:4 Beatus vir cuius est nomen Domini spes ipsius et non respexit in vanitates et insanias falsas 40:5 Multa fecisti tu Domine Deus meus mirabilia tua et cogitationibus tuis non est qui similis sit tibi adnuntiavi et locutus sum multiplicati sunt super numerum 40:6 Sacrificium et oblationem noluisti aures autem perfecisti mihi holocaustum et pro peccato non postulasti 40:7 Tunc dixi ecce venio in capite libri scriptum est de me 40:8 Ut facerem voluntatem tuam Deus meus volui et legem tuam in medio cordis mei 40:9 Adnuntiavi iustitiam in ecclesia magna ecce labia mea non prohibebo Domine tu scisti 40:10 Iustitiam tuam non abscondi in corde meo veritatem tuam et salutare tuum dixi non abscondi misericordiam tuam et veritatem tuam a concilio multo 40:11 Tu autem Domine ne longe facias miserationes tuas a me misericordia tua et veritas tua semper susceperunt me 40:12

Quoniam circumdederunt me mala quorum non est
numerus conprehenderunt me iniquitates meae et non
potui ut viderem multiplicatae sunt super capillos
capitis mei et cor meum dereliquit me  40:13
Conplaceat tibi Domine ut eruas me Domine ad
adiuvandum me respice 40:14 Confundantur
et revereantur simul qui quaerunt animam meam ut
auferant eam convertantur retrorsum et revereantur
qui volunt mihi mala 40:15 Ferant confestim
confusionem suam qui dicunt mihi euge euge 40:16
Exultent et laetentur super te omnes quaerentes te
et dicant semper magnificetur Dominus qui diligunt
salutare tuum 40:17 Ego autem mendicus sum
et pauper Dominus sollicitus est mei adiutor meus et
protector meus tu es Deus meus ne tardaveris

(in finem psalmus David)

41

Beatus qui intellegit super egenum et
pauperem in die mala liberabit eum Dominus
41:2 Dominus conservet eum et vivificet eum

et beatum faciat eum in terra et non tradat eum in animam inimicorum eius 41:3 Dominus opem ferat illi super lectum doloris eius universum stratum eius versasti in infirmitate eius 41:4 Ego dixi Domine miserere mei sana animam meam quoniam peccavi tibi 41:5 Inimici mei dixerunt mala mihi quando morietur et peribit nomen eius 41:6 Et si ingrediebatur ut videret vane loquebatur cor eius congregavit iniquitatem sibi egrediebatur foras et loquebatur 41:7 In id ipsum adversum me susurrabant omnes inimici mei adversus me cogitabant mala mihi 41:8 Verbum iniquum constituerunt adversus me numquid qui dormit non adiciet ut resurgat 41:9 Etenim homo pacis meae in quo speravi qui edebat panes meos magnificavit super me subplantationem 41:10 Tu autem Domine miserere mei et resuscita me et retribuam eis 41:11 In hoc cognovi quoniam voluisti me quoniam non gaudebit inimicus meus super me 41:12 Me autem propter innocentiam suscepisti et confirmasti me in conspectu tuo in aeternum 41:13 Benedictus Dominus Deus Israhel a saeculo et in saeculum fiat fiat

## 42

Quemadmodum desiderat cervus ad fontes aquarum ita desiderat anima mea ad te Deus **42:2** Sitivit anima mea ad Deum fortem; vivum quando veniam et parebo ante faciem Dei **42:3** Fuerunt mihi lacrimae meae panis die ac nocte dum dicitur mihi cotidie ubi est Deus tuus **42:4** Haec recordatus sum et effudi in me animam meam quoniam transibo in loco tabernaculi admirabilis usque ad domum Dei in voce exultationis et confessionis sonus epulantis **42:5** Quare tristis es anima mea et quare conturbas me spera in Deo quoniam confitebor illi salutare vultus mei **42:6** Deus meus ad me ipsum anima mea conturbata est propterea memor ero tui de terra Iordanis et Hermoniim a monte modico **42:7** Abyssus ad; abyssum invocat in voce cataractarum tuarum omnia excelsa tua et fluctus tui super me transierunt **42:8** In die mandavit Dominus misericordiam suam et nocte canticum eius apud me oratio Deo vitae meae **42:9** Dicam Deo susceptor meus es quare oblitus es mei quare contristatus incedo dum adfligit me inimicus **42:10** Dum confringuntur ossa mea exprobraverunt mihi qui tribulant me dum dicunt mihi per singulos dies ubi est Deus tuus **42:11** Quare tristis es anima mea et quare conturbas me spera in Deum quoniam adhuc; confitebor illi salutare vultus mei et; Deus meus

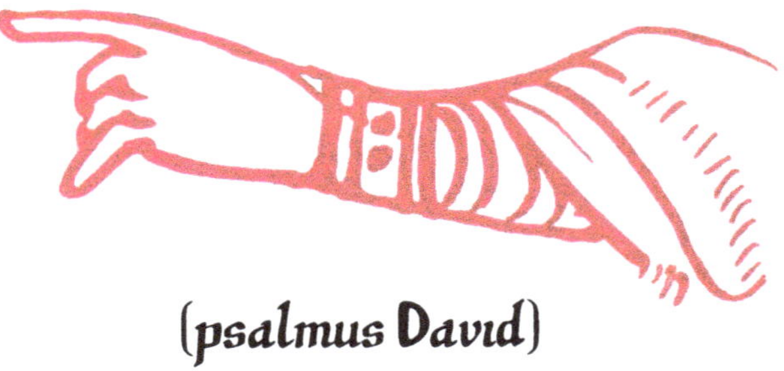

(psalmus David)

## 43

Iudica me Deus et discerne causam meam de gente non sancta ab homine iniquo et doloso erue me 43:2 Quia tu es Deus fortitudo mea quare me reppulisti quare tristis incedo dum adfligit me inimicus 43:3 Emitte lucem tuam et veritatem tuam ipsa me deduxerunt et adduxerunt in montem sanctum tuum et in tabernacula tua 43:4 Et introibo ad altare Dei ad Deum qui laetificat iuventutem meam confitebor tibi in cithara Deus Deus meus 43:5 Quare tristis es anima mea et quare conturbas me spera in Deum quoniam adhuc; confitebor illi salutare vultus mei et; Deus meus

# 44

Deus auribus nostris audivimus patres nostri adnuntiaverunt nobis opus quod operatus es in diebus eorum in diebus antiquis 44:2 Manus tua gentes disperdit et plantasti eos adflixisti populos et expulisti eos 44:3 Nec enim in gladio suo possederunt terram et brachium eorum non salvavit eos sed dextera tua et brachium tuum et inluminatio faciei tuae quoniam conplacuisti in eis 44:4 Tu es ipse rex meus et Deus meus qui mandas salutes Iacob 44:5 In te inimicos nostros ventilabimus cornu et in nomine tuo spernemus insurgentes in nobis 44:6 Non enim in arcu meo sperabo et gladius meus non salvabit me 44:7 Salvasti enim nos de adfligentibus nos et odientes nos confudisti 44:8 In Deo laudabimur tota die et in nomine tuo confitebimur in saeculum diapsalma 44:9 Nunc autem reppulisti et confudisti nos et non egredieris in virtutibus nostris 44:10 Avertisti nos retrorsum post inimicos nostros et qui oderunt nos diripiebant sibi 44:11 Dedisti nos tamquam oves escarum et in gentibus dispersisti nos 44:12 Vendidisti populum tuum sine pretio et non fuit multitudo in commutationibus nostris 44:13 Posuisti nos obprobrium vicinis nostris subsannationem et derisum his qui in circuitu nostro  44:14 Posuisti nos in similitudinem gentibus commotionem capitis in populis  44:15 Tota die verecundia mea contra me est et confusio faciei meae cooperuit me  44:16 A voce exprobrantis et obloquentis a facie inimici et persequentis  44:17 Haec omnia venerunt super nos nec obliti sumus te et inique non egimus in testamento tuo  44:18 Et non recessit retrorsum cor nostrum et declinasti semitas nostras a via tua  44:19 Quoniam humiliasti nos in loco adflictionis et cooperuit nos umbra mortis  44:20 Si obliti sumus nomen Dei nostri et si; expandimus manus nostras ad deum alienum  44:21 Nonne Deus requiret ista ipse enim novit abscondita cordis  44:22 Quoniam propter te mortificamur omni die aestimati sumus sicut oves occisionis  44:23 Exsurge quare dormis Domine exsurge et; ne repellas in finem  44:24 Quare faciem tuam avertis oblivisceris inopiae nostrae et tribulationis nostrae  44:25 Quoniam humiliata est in pulvere anima nostra conglutinatus est in terra venter noster  44:26 Exsurge adiuva nos et redime nos propter nomen tuum

(in finem pro his qui commutabuntur filiis
Core ad intellectum canticum pro dilecto)

## 45

Eructavit cor meum verbum bonum dico
ego opera mea regi lingua mea calamus
scribae velociter scribentis **45:2** Speciosus forma
prae filiis hominum diffusa est gratia in labiis tuis
propterea benedixit te Deus in aeternum **45:3**
Accingere gladio tuo super femur tuum potentissime
**45:4** Specie tua et pulchritudine tua et
intende prospere procede et regna propter veritatem et
mansuetudinem et iustitiam et deducet te mirabiliter
dextera tua **45:5** Sagittae tuae acutae populi sub
te cadent in corde inimicorum regis **45:6** Sedis
tua Deus in saeculum saeculi virga directionis virga
regni tui **45:7** Dilexisti iustitiam et odisti
iniquitatem propterea unxit te Deus Deus tuus oleo
laetitiae prae consortibus tuis **45:8** Murra et
gutta et cassia a vestimentis tuis a domibus eburneis
ex quibus delectaverunt te **45:9** Filiae regum
in honore tuo adstetit regina a dextris tuis in vestitu
deaurato circumdata varietate **45:10** Audi filia
et vide et inclina aurem tuam et obliviscere populum
tuum et domum patris tui **45:11** Et concupiscet
rex decorem tuum quoniam ipse est dominus tuus
et adorabunt eum **45:12** Et; filiae Tyri in
muneribus vultum tuum deprecabuntur divites plebis

45:13 **O**mnis gloria eius filiae regis ab intus in fimbriis aureis 45:14 **C**ircumamicta varietatibus adducentur regi virgines post eam proximae eius adferentur tibi 45:15 **A**dferentur in laetitia et exultatione adducentur in templum regis 45:16 **P**ro patribus tuis nati sunt tibi filii constitues eos principes super omnem terram 45:17 **M**emor ero nominis tui in omni generatione et generatione propterea populi confitebuntur tibi in aeternum et in saeculum saeculi

(in finem pro filiis Core pro arcanis psalmus)

## 46

**D**eus noster refugium et virtus adiutor in tribulationibus quae invenerunt nos nimis 46:2 **P**ropterea non timebimus dum turbabitur terra et transferentur montes in cor maris 46:3 **S**onaverunt et turbatae sunt aquae eorum conturbati sunt montes in fortitudine eius diapsalma 46:4 **F**luminis impetus laetificat civitatem Dei sanctificavit tabernaculum suum Altissimus 46:5 **D**eus in medio eius non commovebitur adiuvabit eam Deus mane diluculo

46:6 Conturbatae sunt gentes inclinata sunt regna dedit vocem suam mota est terra 46:7 Dominus virtutum nobiscum susceptor noster Deus Iacob diapsalma 46:8 Venite et videte opera Domini quae posuit prodigia super terram 46:9 Auferens bella usque ad finem terrae arcum conteret et confringet arma et scuta conburet in igne 46:10 Vacate et videte quoniam ego sum Deus exaltabor in gentibus exaltabor in terra 46:11 Dominus virtutum nobiscum susceptor noster Deus Iacob

(in finem pro filis Core psalmus)

47

Omnes gentes plaudite manibus iubilate Deo in voce exultationis 47:2 Quoniam Dominus excelsus terribilis rex magnus super omnem terram 47:3 Subiecit populos nobis et gentes sub pedibus nostris 47:4 Elegit nobis hereditatem suam speciem Iacob quam dilexit diapsalma 47:5 Ascendit Deus in iubilo Dominus in voce tubae 47:6 Psallite Deo nostro psallite psallite regi nostro psallite 47:7 Quoniam rex omnis terrae Deus psallite sapienter 47:8

Regnavit Deus super gentes Deus sedit super sedem sanctam suam 47:9 Principes populorum congregati sunt cum Deo Abraham quoniam Dei fortes terrae vehementer elevati sunt

(canticum psalmi filiis Core secunda sabbati)

## 48

Magnus Dominus et laudabilis nimis in civitate Dei nostri in monte sancto eius 48:2 Fundatur exultatione universae terrae montes Sion latera aquilonis civitas regis magni 48:3 Deus in domibus eius cognoscitur cum suscipiet eam 48:4 Quoniam ecce reges congregati sunt convenerunt in unum 48:5 Ipsi videntes sic admirati sunt conturbati sunt commoti sunt 48:6 Tremor adprehendit eos ibi dolores ut parturientis 48:7 In spiritu vehementi conteres naves Tharsis 48:8 Sicut audivimus sic vidimus in civitate Domini virtutum in civitate Dei nostri Deus fundavit eam in aeternum diapsalma 48:9 Suscepimus Deus misericordiam tuam in medio templi tui 48:10 Secundum nomen tuum Deus sic et laus tua in fines terrae iustitia plena est dextera tua 48:11

Laetetur mons Sion exultent filiae Iudaeae propter
iudicia tua Domine;   48:12 Circumdate Sion et
conplectimini eam narrate in turribus eius   48:13
Ponite corda vestra in virtute eius et distribuite domus
eius ut enarretis in progeniem alteram   48:14
Quoniam hic est Deus Deus noster in aeternum et in
saeculum saeculi ipse reget nos in saecula

(in finem filiis Core psalmus)

## 49

Audite haec omnes gentes auribus percipite
omnes qui habitatis orbem   49:2
Quique terriginae et filii hominum in unum dives
et pauper   49:3 Os meum loquetur sapientiam et
meditatio cordis mei prudentiam   49:4 Inclinabo
in parabolam aurem meam aperiam in psalterio
propositionem meam   49:5 Cur timebo in die
malo iniquitas calcanei mei circumdabit me   49:6
Qui confidunt in virtute sua et in multitudine
divitiarum suarum gloriantur   49:7 Frater
non redimit redimet homo non dabit Deo placationem
suam   49:8 Et pretium redemptionis animae
suae et laboravit in aeternum   49:9 Et vivet adhuc;

in finem 49:10 Non videbit interitum cum viderit sapientes morientes simul insipiens et stultus peribunt et relinquent alienis divitias suas 49:11 Et; sepulchra eorum domus illorum in aeternum tabernacula eorum in progeniem et progeniem vocaverunt nomina sua in terris suis 49:12 Et homo cum in honore esset non intellexit conparatus est iumentis insipientibus et similis factus est illis 49:13 Haec via illorum scandalum ipsis et postea in ore suo conplacebunt diapsalma 49:14 Sicut oves in inferno positi sunt mors depascet eos et dominabuntur eorum iusti in matutino et auxilium eorum veterescet in inferno a gloria eorum 49:15 Verumtamen Deus redimet animam meam de manu inferi cum acceperit me diapsalma 49:16 Ne timueris cum dives factus fuerit homo et cum multiplicata fuerit gloria domus eius 49:17 Quoniam cum interierit non sumet omnia neque descendet cum eo pone; gloria eius 49:18 Quia anima eius in vita ipsius benedicetur confitebitur tibi cum benefeceris ei 49:19 Introibit usque in progenies patrum suorum usque in aeternum non videbit lumen 49:20 Homo in honore cum esset non intellexit conparatus est iumentis insipientibus; et similis factus est illis

# 50

Deus deorum Dominus locutus est et vocavit terram a solis ortu usque ad occasum 50:2 Ex Sion species decoris eius 50:3 Deus manifeste veniet Deus noster et non silebit ignis in conspectu eius exardescet et in circuitu eius tempestas valida 50:4 Advocabit caelum desursum et terram discernere populum suum 50:5 Congregate illi sanctos eius qui ordinant testamentum eius super sacrificia 50:6 Et adnuntiabunt caeli iustitiam eius quoniam Deus iudex est diapsalma 50:7 Audi populus meus et loquar tibi Israhel et testificabor tibi Deus Deus tuus ego sum 50:8 Non in sacrificiis tuis arguam te holocausta autem tua in conspectu meo sunt semper 50:9 Non accipiam de domo tua vitulos neque de gregibus tuis hircos 50:10 Quoniam meae sunt omnes ferae silvarum iumenta in montibus et boves 50:11 Cognovi omnia volatilia caeli et pulchritudo agri mecum est 50:12 Si esuriero non dicam tibi meus est enim orbis terrae et plenitudo eius 50:13 Numquid manducabo carnes taurorum aut sanguinem hircorum potabo 50:14 Immola Deo sacrificium laudis et redde Altissimo vota tua 50:15 Et invoca me in die tribulationis et eruam te et honorificabis me diapsalma 50:16 Peccatori

autem dixit Deus quare tu enarras iustitias meas et
adsumis testamentum meum per os tuum 50:17
Tu vero odisti disciplinam et proiecisti sermones
meos retrorsum 50:18 Si videbas furem
currebas cum eo et cum adulteris portionem tuam
ponebas 50:19 Os tuum abundavit malitia et
lingua tua concinnabat dolos 50:20 Sedens
adversus fratrem tuum loquebaris et adversus filium
matris tuae ponebas scandalum 50:21 Haec
fecisti et tacui existimasti inique quod ero tui similis
arguam te et statuam contra faciem tuam 50:22
Intellegite nunc haec qui obliviscimini Deum nequando
rapiat et non sit qui eripiat 50:23 Sacrificium
laudis honorificabit me et illic iter quod ostendam illi
salutare Dei

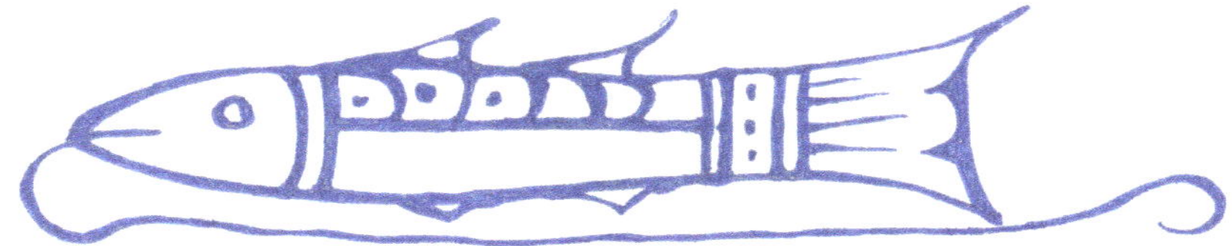

(in finem psalmus David cum venit ad eum
Nathan propheta quando intravit ad Bethsabee)

51

Miserere mei Deus secundum magnam;
misericordiam tuam et; secundum
multitudinem miserationum tuarum dele iniquitatem
meam 51:2 Amplius lava me ab iniquitate

mea et a peccato meo munda me 51:3 Quoniam
iniquitatem meam ego cognosco et peccatum meum
contra me est semper 51:4 Tibi soli peccavi et
malum coram te feci ut iustificeris in sermonibus
tuis et vincas cum iudicaris 51:5 Ecce enim in
iniquitatibus conceptus sum et in peccatis concepit me
mater mea 51:6 Ecce enim veritatem dilexisti
incerta et occulta sapientiae tuae manifestasti mihi
51:7 Asparges me hysopo et mundabor lavabis
me et super nivem dealbabor 51:8 Auditui
meo dabis gaudium et laetitiam exultabunt ossa
humiliata 51:9 Averte faciem tuam a peccatis
meis et omnes iniquitates meas dele 51:10 Cor
mundum crea in me Deus et spiritum rectum innova in
visceribus meis 51:11 Ne proicias me a facie tua et
spiritum sanctum tuum ne auferas a me 51:12
Redde mihi laetitiam salutaris tui et spiritu
principali confirma me 51:13 Docebo iniquos vias
tuas et impii ad te convertentur 51:14 Libera me de
sanguinibus Deus Deus salutis meae exultabit lingua
mea iustitiam tuam 51:15 Domine labia mea
aperies et os meum adnuntiabit laudem tuam 51:16
Quoniam si voluisses sacrificium dedissem utique
holocaustis non delectaberis 51:17 Sacrificium
Deo spiritus contribulatus cor contritum et
humiliatum Deus non spernet 51:18 Benigne
fac Domine in bona voluntate tua Sion et aedificentur
muri Hierusalem 51:19 Tunc acceptabis sacrificium
iustitiae oblationes et holocausta tunc inponent super

altare tuum vitulos

(in finem intellectus David cum venit
Doec Idumeus et adnuntiavit Saul et
dixit venit David in domo Achimelech)

52

Quid gloriatur in malitia qui potens
est iniquitate 52:2 Tota die
iniustitiam cogitavit lingua tua sicut novacula
acuta fecisti dolum 52:3 Dilexisti malitiam
super benignitatem iniquitatem magis quam loqui
aequitatem diapsalma 52:4 Dilexisti omnia
verba praecipitationis linguam dolosam 52:5
Propterea Deus destruet te in finem evellet te et
emigrabit te de tabernaculo et radicem tuam de terra
viventium diapsalma 52:6 Videbunt iusti et
timebunt et super eum ridebunt et dicent 52:7
Ecce homo qui non posuit Deum adiutorem suum
sed speravit in multitudine divitiarum suarum et
praevaluit in vanitate sua 52:8 Ego autem sicut
oliva fructifera in domo Dei speravi in misericordia
Dei in aeternum et in saeculum saeculi 52:9
Confitebor tibi in saeculum quia fecisti et expectabo

nomen tuum quoniam bonum in conspectu sanctorum
tuorum

(in finem pro Melech intellegentiae David)

## 53

Dixit insipiens in corde suo non est Deus
corrupti sunt et abominabiles facti sunt
in iniquitatibus non est qui faciat bonum 53:2
Deus de caelo prospexit in filios hominum ut videat
si est intellegens aut; requirens Deum 53:3
Omnes declinaverunt simul inutiles facti sunt non
est qui faciat bonum non est usque ad unum 53:4
Nonne scient omnes; qui operantur iniquitatem qui
devorant plebem meam ut cibum panis 53:5
Deum non invocaverunt illic trepidabunt timore ubi
non fuit timor quoniam Deus dissipavit ossa eorum qui
hominibus placent confusi sunt quoniam Deus sprevit
eos 53:6 Quis dabit ex Sion salutare Israhel dum
convertit Deus captivitatem plebis suae exultabit
Iacob et laetabitur Israhel

(in finem in carminibus intellectus David cum
venissent Ziphei et dixissent ad Saul nonne
David absconditus est apud nos)

## 54

Deus in nomine tuo salvum me fac et in
virtute tua iudica me 54:2 Deus
exaudi orationem meam auribus percipe verba oris
mei 54:3 Quoniam alieni insurrexerunt
adversum me et fortes quaesierunt animam meam non
proposuerunt Deum ante conspectum suum diapsalma
54:4 Ecce enim Deus adiuvat me Dominus
susceptor animae meae 54:5 Avertet mala
inimicis meis in veritate tua disperde illos 54:6
Voluntarie sacrificabo tibi confitebor nomini tuo
Domine quoniam bonum 54:7 Quoniam ex
omni tribulatione eripuisti me et super inimicos meos
despexit oculus meus

# 55

Exaudi Deus orationem meam et ne despexeris deprecationem meam 55:2 Intende mihi et exaudi me contristatus sum in exercitatione mea et conturbatus sum 55:3 A voce inimici et a tribulatione peccatoris quoniam declinaverunt in me iniquitatem et in ira molesti erant mihi 55:4 Cor meum conturbatum est in me et formido mortis cecidit super me 55:5 Timor et tremor venit super me et contexit me tenebra 55:6 Et dixi quis dabit mihi pinnas sicut columbae et volabo et requiescam 55:7 Ecce elongavi fugiens et mansi in solitudine diapsalma 55:8 Expectabam eum qui salvum me fecit a pusillanimitate spiritus et a tempestate 55:9 Praecipita Domine divide linguas eorum quoniam vidi iniquitatem et contradictionem in civitate 55:10 Die et nocte circumdabit eam super muros eius et iniquitas et labor in medio eius 55:11 Et iniustitia et non defecit de plateis eius usura et dolus 55:12 Quoniam si inimicus maledixisset mihi sustinuissem utique et si is qui oderat me super me magna locutus fuisset abscondissem me forsitan ab eo 55:13 Tu vero homo unianimis dux meus et notus meus 55:14 Qui simul mecum dulces capiebas cibos in domo Dei ambulavimus cum consensu 55:15 Veniat mors super illos et descendant in infernum viventes quoniam nequitiae in habitaculis eorum in medio eorum 55:16 Ego autem; ad Deum clamavi et Dominus salvabit me 55:17 Vespere et mane et meridie narrabo et adnuntiabo et exaudiet vocem meam 55:18 Redimet in pace animam meam ab his qui adpropinquant mihi quoniam inter multos erant mecum 55:19 Exaudiet Deus et humiliabit illos qui est ante saecula diapsalma non enim est illis commutatio et non timuerunt Deum 55:20 Extendit manum suam in retribuendo contaminaverunt testamentum eius 55:21 Divisi sunt ab ira vultus eius et adpropinquavit cor illius molliti sunt sermones eius super oleum et ipsi sunt iacula 55:22 Iacta super Dominum curam tuam et ipse te enutriet non dabit in aeternum fluctuationem iusto 55:23 Tu vero Deus deduces eos in puteum interitus viri sanguinum et doli non dimidiabunt dies suos ego autem sperabo in te Domine

(in finem pro populo qui a sanctis longe factus
est David in tituli inscriptione cum
tenuerunt eum Allophili in Geth)

## 56

Miserere mei Deus quoniam conculcavit me homo tota die inpugnans tribulavit me 56:2 Conculcaverunt me inimici mei tota die quoniam multi bellantes adversum me 56:3 Ab altitudine diei timebo ego vero in te sperabo 56:4 In Deo laudabo sermones meos in Deo speravi non timebo quid faciat mihi caro 56:5 Tota die verba mea execrabantur adversum me omnia consilia eorum in malum 56:6 Inhabitabunt et abscondent ipsi calcaneum meum observabunt sicut sustinuerunt animam meam 56:7 Pro nihilo salvos facies illos in ira populos confringes Deus 56:8 Vitam meam adnuntiavi tibi posuisti lacrimas meas in conspectu tuo sicut et in promissione tua 56:9 Tunc convertentur inimici mei retrorsum in quacumque die invocavero te ecce cognovi quoniam Deus meus es 56:10 In Deo laudabo verbum in Domino laudabo sermonem 56:11 In Deo speravi non timebo quid faciat mihi homo 56:12 In me sunt Deus vota tua; quae; reddam laudationes tibi 56:13 Quoniam eripuisti animam meam de morte et pedes meos de lapsu ut placeam coram Deo in lumine viventium

(in finem ne disperdas David in tituli inscriptione
cum fugeret a facie Saul in spelunca)

## 57

**M**iserere mei Deus miserere mei quoniam in
te confidit anima mea et in umbra alarum
tuarum sperabo donec transeat iniquitas 57:2
Clamabo ad Deum altissimum Deum qui benefecit
mihi 57:3 Misit de caelo et liberavit me dedit
in obprobrium conculcantes me diapsalma misit Deus
misericordiam suam et veritatem suam 57:4
Et eripuit animam meam de medio catulorum leonum
dormivi conturbatus filii hominum dentes eorum arma
et sagittae et lingua eorum gladius acutus 57:5
Exaltare super caelos Deus et in omnem terram
gloria tua 57:6 Laqueum paraverunt pedibus
meis et incurvaverunt animam meam foderunt ante
faciem meam foveam et inciderunt in eam diapsalma
57:7 Paratum cor meum Deus paratum cor
meum cantabo et psalmum dicam 57:8 Exsurge
gloria mea exsurge psalterium et cithara exsurgam
diluculo 57:9 Confitebor tibi in populis Domine

psalmum dicam tibi in gentibus 57:10 Quoniam magnificata est usque ad caelos misericordia tua et usque ad nubes veritas tua 57:11 Exaltare super caelos Deus et super omnem terram gloria tua

(in finem ne disperdas David in tituli inscriptione)

58

Si vere utique iustitiam loquimini recta iudicate filii hominum 58:2 Etenim in corde iniquitates operamini in terra iniustitiam manus vestrae concinnant 58:3 Alienati sunt peccatores a vulva erraverunt ab utero locuti sunt falsa 58:4 Furor illis secundum similitudinem serpentis sicut aspidis surdae et obturantis aures suas 58:5 Quae non exaudiet vocem incantantium et venefici incantantis sapienter 58:6 Deus conteret dentes eorum in ore ipsorum molas leonum confringet Dominus 58:7 Ad nihilum devenient tamquam aqua decurrens intendit arcum suum donec infirmentur 58:8 Sicut cera quae fluit auferentur supercecidit ignis et non viderunt solem 58:9 Priusquam intellegerent spinae vestrae ramnum sicut viventes sicut in ira

absorbet vos  58:10 Laetabitur iustus cum viderit
vindictam manus suas lavabit in sanguine peccatoris
58:11 Et dicet homo si utique est fructus iusto
utique est Deus iudicans eos in terra

(in finem ne disperdas David in tituli
inscriptione quando misit Saul et custodivit
domum eius ut interficeret eum)

59

Eripe me de inimicis meis Deus et ab
insurgentibus in me libera me 59:2
Eripe me de operantibus iniquitatem et de viris
sanguinum salva me 59:3 Quia ecce ceperunt
animam meam inruerunt in me fortes 59:4 Neque
iniquitas mea neque peccatum meum Domine sine
iniquitate cucurri et direxi 59:5 Exsurge in
occursum meum et vide et tu Domine Deus virtutum
Deus Israhel intende ad visitandas omnes gentes
non misearis omnibus qui operantur iniquitatem
diapsalma 59:6 Convertentur ad vesperam et famem

patientur ut canes et circuibunt civitatem 59:7
Ecce loquentur in ore suo et gladius in labiis eorum
quoniam quis audivit 59:8 Et tu Domine deridebis
eos ad nihilum deduces omnes gentes 59:9
Fortitudinem meam ad te custodiam quia Deus
susceptor meus 59:10 Deus meus voluntas
eius praeveniet me 59:11 Deus ostendet mihi super
inimicos meos ne occidas eos nequando obliviscantur
populi mei disperge illos in virtute tua et depone eos
protector meus Domine 59:12 Delictum oris
eorum sermonem labiorum ipsorum et conprehendantur
in superbia sua et de execratione et mendacio
adnuntiabuntur 59:13 In consummatione
in ira consummationis et non erunt et scient quia
Deus dominatur Iacob finium terrae diapsalma
59:14 Convertentur ad vesperam et famem
patientur ut canes et circuibunt civitatem 59:15
Ipsi dispergentur ad manducandum si vero non
fuerint saturati et murmurabunt 59:16 Ego
autem cantabo fortitudinem tuam et exultabo mane
misericordiam tuam quia factus es susceptor meus et
refugium meum in die tribulationis meae 59:17
Adiutor meus tibi psallam quia Deus susceptor meus
es Deus meus misericordia mea

(in finem his qui inmutabuntur
in tituli inscriptione David in
doctrina cum succendit Syriam
Mesopotamiam et Syriam Soba
et convertit Ioab et percussit
vallem Salinarum duodecim milia)

60

Deus reppulisti nos et destruxisti nos iratus
es et misertus es nobis 60:2 Commovisti
terram et turbasti eam sana contritiones eius quia
commota est 60:3 Ostendisti populo tuo dura
potasti nos vino conpunctionis 60:4 Dedisti
metuentibus te significationem ut fugiant a facie
arcus diapsalma ut liberentur dilecti tui 60:5
Salvum fac dextera tua et exaudi me 60:6 Deus
locutus est in sancto suo laetabor et partibor Sicima
et convallem tabernaculorum metibor 60:7
Meus est Galaad et meus est; Manasses et Effraim
fortitudo capitis mei Iuda rex meus 60:8 Moab olla
spei meae in Idumeam extendam calciamentum meum
mihi alienigenae subditi sunt 60:9 Quis deducet
me in civitatem munitam quis deducet me usque in
Idumeam 60:10 Nonne tu Deus qui reppulisti
nos et non egredieris Deus in virtutibus nostris
60:11 Da nobis auxilium de tribulatione et vana
salus hominis 60:12 In Deo faciemus virtutem
et ipse ad nihilum deducet tribulantes nos

## 61

Exaudi Deus deprecationem meam intende orationi meae 61:2 A finibus terrae ad te clamavi dum anxiaretur cor meum in petra exaltasti me deduxisti me 61:3 Quia factus es spes mea turris fortitudinis a facie inimici 61:4 Inhabitabo in tabernaculo tuo in saecula protegar in velamento alarum tuarum diapsalma 61:5 Quoniam tu Deus meus exaudisti orationem meam dedisti hereditatem timentibus nomen tuum 61:6 Dies super dies regis adicies annos eius usque in diem generationis et generationis 61:7 Permanet in aeternum in conspectu Dei misericordiam et veritatem quis requiret eius 61:8 Sic psalmum dicam nomini tuo in saeculum saeculi ut reddam vota mea de die in diem

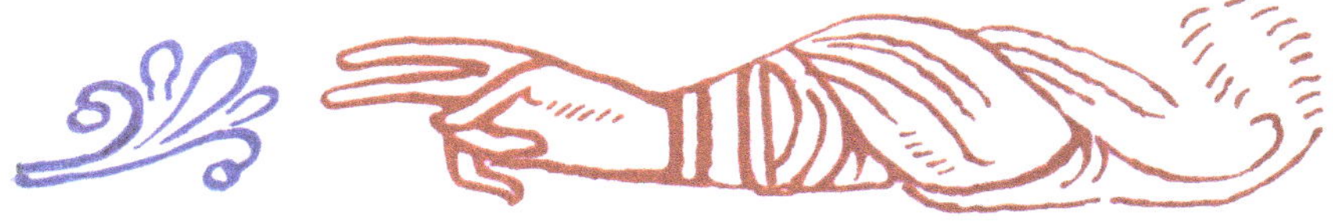

(in finem pro Idithun psalmus David)

## 62

Nonne Deo subiecta erit anima mea ab ipso enim salutare meum 62:2 Nam et ipse Deus meus et salutaris meus susceptor meus non movebor amplius 62:3 Quousque inruitis in hominem interficitis universi vos tamquam parieti inclinato et maceriae depulsae 62:4 Verumtamen pretium meum cogitaverunt repellere cucurri in siti ore suo benedicebant et corde suo maledicebant diapsalma 62:5 Verumtamen Deo subiecta esto anima mea quoniam ab ipso patientia mea 62:6 Quia ipse Deus meus et salvator meus adiutor meus non emigrabo 62:7 In Deo salutare meum et gloria mea Deus auxilii mei et spes mea in Deo est 62:8 Sperate in eo omnis congregatio populi effundite coram illo corda vestra Deus adiutor noster in aeternum 62:9 Verumtamen vani filii hominum mendaces filii hominum in stateris ut decipiant ipsi de vanitate in id ipsum 62:10 Nolite sperare in iniquitate et rapinas nolite concupiscere divitiae si affluant nolite cor adponere 62:11 Semel locutus est Deus duo haec audivi quia potestas Dei 62:12 Et tibi Domine misericordia quia tu reddes unicuique iuxta opera sua

# 63

Deus Deus meus ad te de luce vigilo sitivit in te anima mea quam multipliciter tibi caro mea **63:2** In terra deserta et invia et inaquosa sic in sancto apparui tibi ut viderem virtutem tuam et gloriam tuam **63:3** Quoniam melior est misericordia tua super vitas labia mea laudabunt te **63:4** Sic benedicam te in vita mea in nomine tuo levabo manus meas **63:5** Sicut adipe et pinguidine repleatur anima mea et labia exultationis laudabit os meum **63:6** Si memor fui tui super stratum meum in matutinis meditabar in te **63:7** Quia fuisti adiutor meus et in velamento alarum tuarum exultabo **63:8** Adhesit anima mea post te me suscepit dextera tua **63:9** Ipsi vero in vanum quaesierunt animam meam introibunt in inferiora terrae **63:10** Tradentur in manus gladii partes vulpium erunt **63:11** Rex vero laetabitur in Deo laudabitur omnis qui iurat in eo quia obstructum est os loquentium iniqua

(in finem psalmus David)

# 64

Exaudi Deus orationem meam cum deprecor a timore inimici eripe animam meam 64:2 Protexisti me a conventu malignantium a multitudine operantium iniquitatem 64:3 Quia exacuerunt ut gladium linguas suas intenderunt arcum rem amaram 64:4 Ut sagittent in occultis inmaculatum 64:5 Subito sagittabunt eum et non timebunt firmaverunt sibi sermonem nequam narraverunt ut absconderent laqueos dixerunt quis videbit eos 64:6 Scrutati sunt iniquitates defecerunt scrutantes scrutinio accedet homo et cor altum 64:7 Et exaltabitur Deus sagittae parvulorum factae sunt plagae eorum 64:8 Et infirmatae sunt contra eos linguae eorum conturbati sunt omnes qui videbant eos 64:9 Et timuit omnis homo et adnuntiaverunt opera Dei et facta eius intellexerunt 64:10 Laetabitur iustus in Domino et sperabit in eo et laudabuntur omnes recti corde

(in finem psalmus David canticum; Hieremiae et Aggei
de verbo peregrinationis quando incipiebant proficisci)

65

Te decet hymnus Deus in Sion et tibi reddetur
votum in Hierusalem 65:2 Exaudi
orationem ad te omnis caro veniet 65:3 Verba
iniquorum praevaluerunt super nos et impietatibus
nostris tu propitiaberis 65:4 Beatus quem
elegisti et adsumpsisti inhabitabit in atriis tuis
replebimur in bonis domus tuae sanctum est templum
tuum 65:5 Mirabile in aequitate exaudi nos
Deus salutaris noster spes omnium finium terrae
et in mari longe 65:6 Praeparans montes
in virtute tua accinctus potentia 65:7 Qui
conturbas profundum maris sonum fluctuum eius
turbabuntur gentes 65:8 Et timebunt qui
inhabitant terminos a signis tuis exitus matutini
et vespere delectabis 65:9 Visitasti terram et
inebriasti eam multiplicasti locupletare eam flumen
Dei repletum est aquis parasti cibum illorum quoniam
ita est praeparatio eius 65:10 Rivos eius
inebria multiplica genimina eius in stillicidiis eius
laetabitur germinans 65:11 Benedices coronae anni
benignitatis tuae et campi tui replebuntur ubertate
65:12 Pinguescent speciosa deserti et exultatione
colles accingentur 65:13 Induti sunt arietes
ovium et valles abundabunt frumento clamabunt

etenim hymnum dicent

(in finem canticum psalmi resurrectionis)

## 66

Iubilate Deo omnis terra 66:2 Psalmum dicite nomini eius date gloriam laudi eius 66:3 Dicite Deo quam terribilia sunt opera tua Domine in multitudine virtutis tuae mentientur tibi inimici tui 66:4 Omnis terra adorent te et psallant tibi psalmum dicant nomini tuo diapsalma 66:5 Venite et videte opera Dei terribilis in consiliis super filios hominum 66:6 Qui convertit mare in aridam in flumine pertransibunt pede ibi laetabimur in ipso 66:7 Qui dominatur in virtute sua in aeternum oculi eius super gentes respiciunt qui exasperant non exaltentur in semet ipsis diapsalma 66:8 Benedicite gentes Deum nostrum et auditam facite vocem laudis eius 66:9 Qui posuit animam meam ad vitam et non dedit in commotionem pedes meos 66:10 Quoniam probasti nos Deus igne nos examinasti sicut examinatur argentum 66:11 Induxisti

nos in laqueum posuisti tribulationes in dorso nostro
66:12 Inposuisti homines super capita nostra
transivimus per ignem et aquam et eduxisti nos in
refrigerium 66:13 Introibo in domum tuam in
holocaustis reddam tibi vota mea 66:14 Quae
distinxerunt labia mea et locutum est os meum in
tribulatione mea 66:15 Holocausta medullata
offeram tibi cum incensu arietum offeram tibi boves
cum hircis diapsalma 66:16 Venite audite et
narrabo omnes qui timetis Deum quanta fecit animae
meae 66:17 Ad ipsum ore meo clamavi et
exaltavi sub lingua mea 66:18 Iniquitatem si aspexi
in corde meo non exaudiat Dominus 66:19
Propterea exaudivit Deus adtendit voci deprecationis
meae 66:20 Benedictus Deus qui non amovit
orationem meam et misericordiam suam a me

(in finem in hymnis psalmus cantici)

## 67

Deus misereatur nostri et benedicat
nobis inluminet vultum suum super nos
et misereatur nostri diapsalma 67:2 Ut
cognoscamus in terra viam tuam in omnibus gentibus
salutare tuum 67:3 Confiteantur tibi populi

Deus confiteantur tibi populi omnes 67:4 Laetentur et exultent gentes quoniam iudicas populos in aequitate et gentes in terra diriges diapsalma 67:5 Confiteantur tibi populi Deus confiteantur tibi populi omnes 67:6 Terra dedit fructum suum benedicat nos Deus Deus noster 67:7 Benedicat nos Deus et metuant eum omnes fines terrae

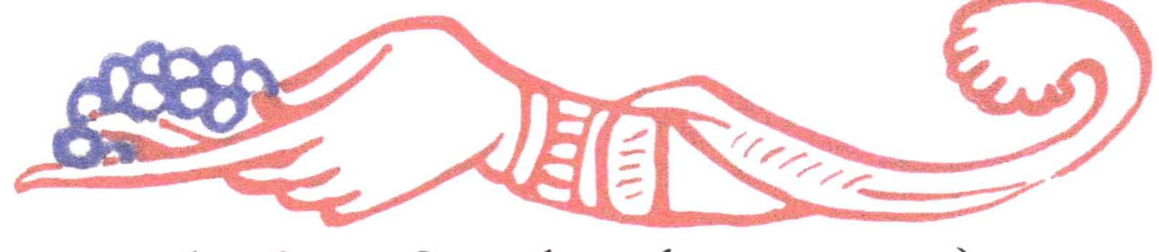

(in finem David psalmus cantici)

68

Exsurgat Deus et dissipentur inimici eius et fugiant qui oderunt eum a facie eius 68:2 Sicut deficit fumus deficiant sicut fluit cera a facie ignis sic pereant peccatores a facie Dei 68:3 Et iusti epulentur exultent in conspectu Dei delectentur in laetitia 68:4 Cantate Deo psalmum dicite nomini eius iter facite ei qui ascendit super occasum Dominus nomen illi et exultate in conspectu eius turbabuntur a facie eius 68:5 Patris orfanorum et iudicis viduarum Deus in loco sancto suo 68:6 Deus inhabitare facit unius moris in domo qui educit vinctos in fortitudine similiter eos qui exasperant qui habitant in sepulchris 68:7 Deus cum egredereris in conspectu populi tui cum pertransieris in deserto diapsalma 68:8 Terra mota est etenim caeli distillaverunt a facie Dei Sinai a facie Dei Israhel 68:9 Pluviam voluntariam segregabis Deus hereditati tuae et infirmata est tu vero perfecisti eam 68:10 Animalia tua habitant in ea parasti in dulcedine tua pauperi Deus 68:11 Dominus dabit verbum evangelizantibus virtute multa 68:12 Rex virtutum dilecti dilecti; et speciei domus dividere spolia 68:13 Si dormiatis inter medios cleros pinnae columbae deargentatae et posteriora dorsi eius in pallore auri 68:14 Dum discernit Caelestis reges super eam nive dealbabuntur in Selmon 68:15 Mons Dei mons pinguis mons coagulatus mons pinguis 68:16 Ut quid suspicamini montes coagulatos mons in quo beneplacitum est Deo habitare in eo etenim Dominus habitabit in finem 68:17 Currus Dei decem milibus multiplex milia laetantium Dominus in eis in Sina in sancto 68:18 Ascendisti in altum cepisti captivitatem accepisti dona in hominibus etenim non credentes inhabitare Dominum Deus 68:19 Benedictus Dominus die cotidie prosperum iter faciet nobis Deus salutarium nostrorum diapsalma 68:20 Deus noster Deus salvos faciendi et Domini Domini exitus mortis 68:21 Verumtamen Deus confringet capita inimicorum suorum verticem capilli perambulantium in delictis suis 68:22 Dixit Dominus ex Basan convertam convertam in profundis maris 68:23 Ut intinguatur pes

tuus in sanguine lingua canum tuorum ex inimicis
ab ipso 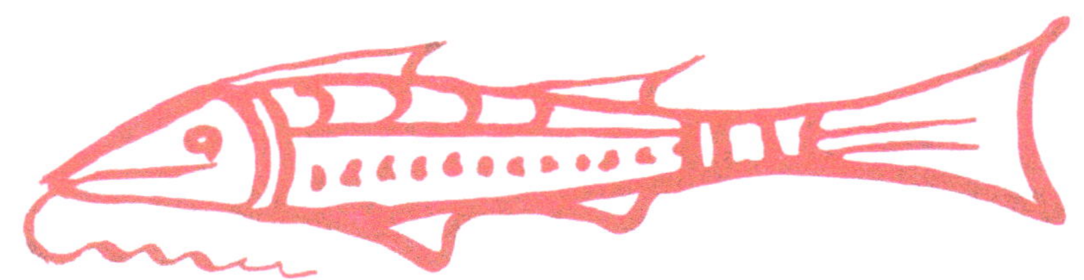 68:24 Viderunt ingressus tui Deus
ingressus Dei mei regis mei qui est in sancto 68:25
Praevenerunt principes coniuncti psallentibus
in medio iuvencularum tympanistriarum 68:26
In ecclesiis benedicite Deum Dominum de fontibus
Israhel 68:27 Ibi Beniamin adulescentulus in
mentis excessu principes Iuda duces eorum principes
Zabulon principes Nepthali 68:28 Manda Deus
virtutem tuam confirma Deus hoc quod operatus es
nobis 68:29 A templo tuo in Hierusalem tibi
adferent reges munera 68:30 Increpa feras
harundinis congregatio taurorum in vaccis populorum
ut excludant eos qui probati sunt argento dissipa
gentes quae bella volunt 68:31 Venient legati
ex Aegypto Aethiopia praeveniet manus eius Deo
68:32 Regna terrae cantate Deo psallite
Domino diapsalma psallite Deo; 68:33 Qui
ascendit super caelum caeli ad orientem ecce dabit
voci suae vocem virtutis 68:34 Date gloriam
Deo super Israhel magnificentia eius et virtus eius in
nubibus 68:35 Mirabilis Deus in sanctis suis
Deus Israhel ipse dabit virtutem et fortitudinem plebi
suae benedictus Deus

(in finem pro his qui commutabuntur David)

## 69

**S**alvum me fac Deus quoniam intraverunt aquae usque ad animam meam 69:2 **I**nfixus sum in limum profundi et non est substantia veni in altitudines maris et tempestas demersit me 69:3 **L**aboravi clamans raucae factae sunt fauces meae defecerunt oculi mei dum spero in Deum meum 69:4 **M**ultiplicati sunt super capillos capitis mei qui oderunt me gratis confortati sunt qui persecuti sunt me inimici mei iniuste quae non rapui tunc exsolvebam 69:5 **D**eus tu scis insipientiam meam et delicta mea a te non sunt abscondita 69:6 **N**on erubescant in me qui expectant te Domine Domine virtutum non confundantur super me qui quaerunt te Deus Israhel 69:7 **Q**uoniam propter te sustinui obprobrium operuit confusio faciem meam 69:8 **E**xtraneus factus sum fratribus meis et peregrinus filius matris meae 69:9 **Q**uoniam zelus domus tuae comedit me et obprobria exprobrantium tibi ceciderunt super me 69:10 **E**t operui in ieiunio animam meam et factum est in obprobrium mihi 69:11 **E**t posui vestimentum meum cilicium et factus sum illis in parabolam 69:12 **A**dversum me exercebantur qui sedebant in porta et in me psallebant qui bibebant vinum 69:13 **E**go vero orationem meam ad te Domine tempus beneplaciti

Deus in multitudine misericordiae tuae exaudi me
in veritate salutis tuae          69:14 Eripe me de
luto ut non infigar liberer ab his qui oderunt me et
de profundis aquarum          69:15 Non me demergat
tempestas aquae neque absorbeat me profundum
neque urgeat super me puteus os suum          69:16
Exaudi me Domine quoniam benigna est misericordia
tua secundum multitudinem miserationum tuarum
respice me          69:17 Et ne avertas faciem tuam
a puero tuo quoniam tribulor velociter exaudi
me          69:18 Intende animae meae et libera eam
propter inimicos meos eripe me          69:19 Tu scis
inproperium meum et confusionem et reverentiam
meam          69:20 In conspectu tuo sunt omnes
qui tribulant me inproperium expectavit cor meum
et miseriam et sustinui qui simul contristaretur et
non fuit et qui consolaretur et non inveni          69:21 Et
dederunt in escam meam fel et in siti mea potaverunt
me aceto          69:22 Fiat mensa eorum coram ipsis in
laqueum et in retributiones et in scandalum          69:23
Obscurentur oculi eorum ne videant et dorsum eorum
semper incurva          69:24 Effunde super eos iram tuam
et furor irae tuae conprehendat eos          69:25 Fiat
habitatio eorum deserta et in tabernaculis eorum
non sit qui inhabitet          69:26 Quoniam quem tu
percussisti persecuti sunt et super dolorem vulnerum
meorum addiderunt          69:27 Adpone iniquitatem
super iniquitatem eorum et non intrent in iustitia
tua          69:28 Deleantur de libro viventium et

cum iustis non scribantur 69:29 Ego sum pauper
et dolens salus tua Deus suscepit me 69:30
Laudabo nomen Dei cum cantico magnificabo eum in
laude 69:31 Et placebit Deo super vitulum
novellum cornua producentem et ungulas 69:32
Videant pauperes et laetentur quaerite Deum et vivet
anima vestra 69:33 Quoniam exaudivit pauperes
Dominus et vinctos suos non despexit 69:34
Laudent illum caeli et terra mare et omnia reptilia
in eis 69:35 Quoniam Deus salvam faciet Sion
et aedificabuntur civitates Iudaeae et inhabitabunt
ibi et hereditate adquirent eam 69:36 Et semen
servorum eius possidebunt eam et qui diligunt nomen
eius habitabunt in ea

(in finem David in rememoratione eo
quod salvum me fecit Dominus)

## 70

Deus in adiutorium meum intende Domine
ad adiuvandum me festina; 70:2
Confundantur et revereantur qui quaerunt
animam meam 70:3 Avertantur retrorsum et

erubescant qui volunt mihi mala avertantur statim
erubescentes qui dicunt mihi; euge euge  70:4
Exultent et laetentur in te omnes qui quaerunt te
et dicant semper magnificetur Deus qui diligunt
salutare tuum 70:5 Ego vero egenus et pauper
Deus adiuva me adiutor meus et liberator meus es tu
Domine ne moreris

(David psalmus filiorum Ionadab et priorum captivorum)

71

In te Domine speravi non confundar in
aeternum 71:2 In iustitia tua
libera me et eripe me inclina ad me aurem tuam et salva
me 71:3 Esto mihi in Deum protectorem et in locum
munitum ut salvum me facias quoniam firmamentum
meum et refugium meum es tu 71:4 Deus meus eripe
me de manu peccatoris de manu contra legem agentis
et iniqui 71:5 Quoniam tu es patientia mea
Domine Domine spes mea a iuventute mea 71:6
In te confirmatus sum ex utero de ventre matris
meae tu es protector meus in te cantatio mea semper
71:7 Tamquam prodigium factus sum multis

et tu adiutor fortis 71:8 Repleatur os meum laude ut cantem gloriam tuam tota die magnitudinem tuam 71:9 Non proicias me in tempore senectutis cum deficiet virtus mea ne derelinquas me 71:10 Quia dixerunt inimici mei mihi et qui custodiebant animam meam consilium fecerunt in unum 71:11 Dicentes Deus dereliquit eum persequimini et conprehendite eum quia non est qui eripiat 71:12 Deus ne elongeris a me Deus meus in adiutorium meum respice 71:13 Confundantur et deficiant detrahentes animae meae operiantur confusione et pudore qui quaerunt mala mihi 71:14 Ego autem semper sperabo et adiciam super omnem laudem tuam 71:15 Os meum adnuntiabit iustitiam tuam tota die salutem tuam quoniam non cognovi litteraturam 71:16 Introibo in potentiam Domini Domine memorabor iustitiae tuae solius 71:17 Deus docuisti me ex iuventute mea et usque nunc pronuntiabo mirabilia tua 71:18 Et usque in senectam et senium Deus ne derelinquas me donec adnuntiem brachium tuum generationi omni quae ventura est potentiam tuam 71:19 Et iustitiam tuam Deus usque in altissima quae fecisti magnalia Deus quis similis tibi 71:20 Quantas ostendisti mihi tribulationes multas et malas et conversus vivificasti me et de abyssis terrae iterum reduxisti me 71:21 Multiplicasti magnificentiam tuam et conversus consolatus es me 71:22 Nam et ego confitebor tibi in vasis psalmi veritatem tuam Deus

psallam tibi in cithara Sanctus Israhel 71:23
Exultabunt labia mea cum cantavero tibi et anima
mea quam redemisti 71:24 Sed et lingua mea
tota die meditabitur iustitiam tuam cum confusi et
reveriti fuerint qui quaerunt mala mihi

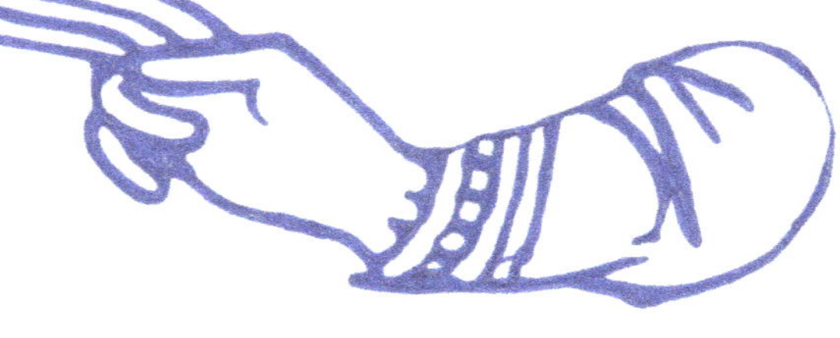

(in Salomonem)

## 72

Deus iudicium tuum regi da et iustitiam
tuam filio regis 72:2 Iudicare
populum tuum in iustitia et pauperes tuos in iudicio
72:3 Suscipiant montes pacem populo et
colles iustitiam 72:4 Iudicabit pauperes
populi et salvos faciet filios pauperum et humiliabit
calumniatorem 72:5 Et permanebit cum sole
et ante lunam generationes generationum 72:6
Descendet sicut pluvia in vellus et sicut stillicidia
stillantia super terram 72:7 Orietur in diebus
eius iustitia et abundantia pacis donec auferatur
luna 72:8 Et dominabitur a mari usque ad
mare et a flumine usque ad terminos orbis terrarum
72:9 Coram illo procident Aethiopes et

inimici eius terram lingent  72:10 Reges Tharsis et insulae munera offerent reges Arabum et Saba dona adducent 72:11 Et adorabunt eum omnes reges omnes gentes servient ei 72:12 Quia liberavit pauperem a potente et pauperem cui non erat adiutor 72:13 Parcet pauperi et inopi et animas pauperum salvas faciet 72:14 Ex usuris et iniquitate redimet animas eorum et honorabile nomen eorum coram illo 72:15 Et vivet et dabitur ei de auro Arabiae et orabunt de ipso semper tota die benedicent ei 72:16 Erit firmamentum in terra in summis montium superextolletur super Libanum fructus eius et florebunt de civitate sicut faenum terrae 72:17 Sit nomen eius benedictum in saecula ante solem permanet nomen eius et benedicentur in ipso omnes tribus terrae omnes gentes beatificabunt eum 72:18 Benedictus Dominus Deus Deus Israhel qui facit mirabilia solus 72:19 Et benedictum nomen maiestatis eius in aeternum et replebitur maiestate eius omnis terra fiat fiat 72:20 Defecerunt laudes David filii Iesse

# 73

Quam bonus Israhel Deus his qui recto sunt corde 73:2 Mei autem paene moti sunt pedes paene effusi sunt gressus mei 73:3 Quia zelavi super iniquis pacem peccatorum videns 73:4 Quia non est respectus morti eorum et firmamentum in plaga eorum 73:5 In labore hominum non sunt et cum hominibus non flagellabuntur 73:6 Ideo tenuit eos superbia operti sunt iniquitate et impietate sua 73:7 Prodiet quasi ex adipe iniquitas eorum transierunt in affectum cordis 73:8 Cogitaverunt et locuti sunt in nequitia iniquitatem in excelso locuti sunt 73:9 Posuerunt in caelum os suum et lingua eorum transivit in terra 73:10 Ideo convertetur populus meus hic et dies pleni invenientur in eis 73:11 Et dixerunt quomodo scit Deus et si est scientia in Excelso 73:12 Ecce ipsi peccatores et abundantes in saeculo obtinuerunt divitias 73:13 Et dixi; ergo sine causa iustificavi cor meum et lavi inter innocentes manus meas 73:14 Et fui flagellatus tota die et castigatio mea in matutino 73:15 Si dicebam narrabo sic ecce nationem filiorum tuorum reprobavi 73:16 Et existimabam cognoscere hoc labor est ante me 73:17 Donec intrem in sanctuarium Dei intellegam in novissimis eorum 73:18 Verumtamen propter dolos posuisti eis deiecisti eos dum adlevarentur 73:19 Quomodo facti sunt in desolationem subito defecerunt perierunt propter iniquitatem suam 73:20 Velut somnium surgentium Domine in civitate tua imaginem ipsorum ad nihilum rediges 73:21 Quia inflammatum est cor meum et renes mei commutati sunt 73:22 Et ego ad nihilum redactus sum et nescivi 73:23 Ut iumentum factus sum apud te et ego semper tecum 73:24 Tenuisti manum dexteram meam et in voluntate tua deduxisti me et cum gloria suscepisti me 73:25 Quid enim mihi est in caelo et a te quid volui super terram 73:26 Defecit caro mea et cor meum Deus cordis mei et pars mea Deus in aeternum 73:27 Quia ecce qui elongant se a te peribunt perdidisti omnem qui fornicatur abs te 73:28 Mihi autem adherere Deo bonum est ponere in Domino Deo spem meam ut adnuntiem omnes praedicationes tuas in portis filiae Sion;

(intellectus Asaph)

# 74

Ut quid Deus reppulisti in finem iratus est furor tuus super oves pascuae tuae 74:2

Memor esto congregationis tuae quam possedisti ab initio redemisti virgam hereditatis tuae mons Sion in quo habitasti in eo 74:3 Leva manus tuas in superbias eorum in finem quanta malignatus est inimicus in sancto 74:4 Et gloriati sunt qui oderunt te in medio sollemnitatis tuae posuerunt signa sua signa 74:5 Et non cognoverunt sicut in exitu super summum quasi in silva lignorum securibus 74:6 Exciderunt ianuas eius in id ipsum in securi et ascia deiecerunt eam; 74:7 Incenderunt igni sanctuarium tuum in terra polluerunt tabernaculum nominis tui 74:8 Dixerunt in corde suo cognatio eorum simul quiescere faciamus omnes dies festos Dei a terra 74:9 Signa nostra non vidimus iam non est propheta et nos non cognoscet amplius 74:10 Usquequo Deus inproperabit inimicus inritat adversarius nomen tuum in finem 74:11 Ut quid avertis manum tuam et dexteram tuam de medio sinu tuo in finem 74:12 Deus autem rex noster ante saeculum operatus est salutes in medio terrae 74:13 Tu confirmasti in virtute tua mare contribulasti capita draconum in aquis 74:14 Tu confregisti capita draconis dedisti eum escam populis Aethiopum 74:15 Tu disrupisti fontem et torrentes tu siccasti fluvios Aetham; 74:16 Tuus est dies et tua est nox tu fabricatus es auroram et solem 74:17 Tu fecisti omnes terminos terrae aestatem et ver tu plasmasti ea 74:18 Memor esto huius inimicus inproperavit

Dominum et populus insipiens incitavit nomen tuum  74:19 Ne tradas bestiis animam confitentem tibi animas pauperum tuorum ne obliviscaris in finem 74:20 Respice in testamentum tuum quia repleti sunt qui obscurati sunt terrae domibus iniquitatum 74:21 Ne avertatur humilis factus confusus pauper et inops laudabunt nomen tuum 74:22 Exsurge Deus iudica causam tuam memor esto inproperiorum tuorum eorum qui ab insipiente sunt tota die 74:23 Ne obliviscaris voces inimicorum tuorum superbia eorum qui te oderunt ascendit semper

(in finem ne corrumpas psalmus Asaph cantici)

## 75

Confitebimur tibi Deus confitebimur et invocabimus nomen tuum narrabimus mirabilia tua 75:2 Cum accepero tempus ego iustitias iudicabo 75:3 Liquefacta est terra et omnes qui habitant in ea ego confirmavi columnas eius diapsalma 75:4 Dixi iniquis nolite inique facere et delinquentibus nolite exaltare cornu 75:5 Nolite extollere in altum cornu vestrum nolite loqui

adversus Deum iniquitatem 75:6 Quia neque
ab oriente neque ab occidente neque a desertis montibus
75:7 Quoniam Deus iudex est hunc humiliat et
hunc exaltat 75:8 Quia calix in manu Domini vini
meri plenus mixto et inclinavit ex hoc in hoc verum fex
eius non est exinanita bibent omnes peccatores terrae
75:9 Ego autem adnuntiabo in saeculum
cantabo Deo Iacob 75:10 Et omnia cornua
peccatorum confringam et exaltabuntur cornua iusti

(in finem in laudibus psalmus
Asaph canticum ad Assyrium)

## 76

Notus in Iudaea Deus in Israhel magnum
nomen eius 76:2 Et factus est in
pace locus eius et habitatio eius in Sion 76:3
Ibi confregit potentias arcuum scutum et gladium
et bellum diapsalma 76:4 Inluminas tu
mirabiliter de montibus aeternis 76:5 Turbati
sunt omnes insipientes corde dormierunt somnum
suum et nihil invenerunt omnes viri divitiarum
manibus suis 76:6 Ab increpatione tua Deus Iacob
dormitaverunt qui ascenderunt equos 76:7

Tu terribilis es et quis resistet tibi ex tunc ira tua *76:8* De caelo auditum fecisti iudicium terra timuit et quievit *76:9* Cum exsurgeret in iudicium Deus ut salvos faceret omnes mansuetos terrae diapsalma *76:10* Quoniam cogitatio hominis confitebitur tibi et reliquiae cogitationis diem festum agent tibi *76:11* Vovete et reddite Domino Deo vestro omnes qui in circuitu eius adferent munera terribili *76:12* Et ei qui aufert spiritus principum terribili apud reges terrae

(in finem pro Idithun psalmus Asaph)

## 77

Voce mea ad Dominum clamavi voce mea ad Deum et intendit me *77:2* In die tribulationis meae Deum exquisivi manibus meis nocte contra eum et non sum deceptus rennuit consolari anima mea *77:3* Memor fui Dei et delectatus sum exercitatus sum et defecit spiritus meus diapsalma *77:4* Anticipaverunt vigilias oculi mei turbatus sum et non sum locutus *77:5* Cogitavi dies antiquos et annos aeternos in mente habui 77:6 Et meditatus sum nocte cum corde meo exercitabar et scobebam spiritum meum 77:7 Numquid in aeternum proiciet Deus et non adponet ut conplacitior sit adhuc 77:8 Aut in finem misericordiam suam abscidet a generatione in generationem 77:9 Aut obliviscetur misereri Deus aut continebit in ira sua misericordias suas diapsalma 77:10 Et dixi nunc coepi haec mutatio dexterae Excelsi 77:11 Memor fui operum Domini quia memor ero ab initio mirabilium tuorum 77:12 Et meditabor in omnibus operibus tuis et in adinventionibus tuis exercebor 77:13 Deus in sancto via tua quis deus magnus sicut Deus noster 77:14 Tu es Deus qui facis mirabilia notam fecisti in populis virtutem tuam 77:15 Redemisti in brachio tuo populum tuum filios Iacob et Ioseph diapsalma 77:16 Viderunt te aquae Deus viderunt te aquae et timuerunt et turbatae sunt abyssi 77:17 Multitudo sonitus aquarum vocem dederunt nubes etenim sagittae tuae transeunt 77:18 Vox tonitrui tui in rota inluxerunt coruscationes tuae orbi terrae commota est et contremuit terra 77:19 In mari via tua et semitae tuae in aquis multis et vestigia tua non cognoscentur 77:20 Deduxisti sicut oves populum tuum in manu Mosi et Aaron

# 78

Adtendite populus meus legem meam inclinate aurem vestram in verba oris mei 78:2 Aperiam in parabola os meum eloquar propositiones ab initio 78:3 Quanta audivimus et cognovimus ea et patres nostri narraverunt nobis 78:4 Non sunt occultata a filiis eorum in generationem alteram narrantes laudes Domini et virtutes eius et mirabilia eius quae fecit 78:5 Et suscitavit testimonium in Iacob et legem posuit in Israhel quanta mandavit patribus nostris nota facere ea filiis suis 78:6 Ut cognoscat generatio altera filii qui nascentur et exsurgent et narrabunt filiis suis 78:7 Ut ponant in Deo spem suam et non obliviscantur opera Dei et mandata eius exquirant 78:8 Ne fiant sicut patres eorum generatio prava et exasperans generatio quae non direxit cor suum et non est creditus cum Deo spiritus eius 78:9 Filii Effrem intendentes et mittentes arcus conversi sunt in die belli 78:10 Non custodierunt testamentum Dei et in lege eius noluerunt ambulare 78:11 Et obliti sunt benefactorum eius et mirabilium eius quae ostendit eis 78:12 Coram patribus eorum quae fecit mirabilia in terra Aegypti in campo Taneos 78:13 Interrupit mare et perduxit eos statuit aquas quasi utrem 78:14 Et deduxit eos in nube diei et tota nocte in inluminatione ignis 78:15 Interrupit petram in heremo et adaquavit eos velut in abysso multa 78:16 Et eduxit aquam de petra et deduxit tamquam flumina aquas 78:17 Et adposuerunt adhuc peccare ei in ira excitaverunt Excelsum in inaquoso 78:18 Et temptaverunt Deum in cordibus suis ut peterent escas animabus suis 78:19 Et male locuti sunt de Deo dixerunt numquid poterit Deus parare mensam in deserto 78:20 Quoniam percussit petram et fluxerunt aquae et torrentes inundaverunt numquid et panem potest dare aut parare mensam populo suo 78:21 Ideo audivit Dominus et distulit et ignis accensus est in Iacob et ira ascendit in Israhel 78:22 Quia non crediderunt in Deo nec speraverunt in salutare eius 78:23 Et mandavit nubibus desuper et ianuas caeli aperuit 78:24 Et pluit illis manna ad manducandum et panem caeli dedit eis 78:25 Panem angelorum manducavit homo cibaria misit eis in abundantiam 78:26 Transtulit austrum de caelo et induxit in virtute sua africum 78:27 Et pluit super eos sicut pulverem carnes et sicut harenam maris volatilia pinnata 78:28 Et ceciderunt in medio castrorum eorum circa tabernacula eorum 78:29 Et manducaverunt et saturati sunt nimis et desiderium eorum adtulit eis 78:30 Non sunt fraudati a desiderio suo adhuc escae eorum erant in ore ipsorum 78:31 Et ira Dei ascendit in eos et occidit pingues eorum

et electos Israhel inpedivit 78:32 In omnibus his
peccaverunt adhuc et non crediderunt mirabilibus
eius 78:33 Et defecerunt in vanitate dies
eorum et anni eorum cum festinatione 78:34
Cum occideret eos quaerebant eum et revertebantur
et diluculo veniebant ad Deum 78:35 Et
rememorati sunt quia Deus adiutor est eorum et
Deus excelsus redemptor eorum est 78:36 Et
dilexerunt eum in ore suo et lingua sua mentiti sunt ei
78:37 Cor autem ipsorum non erat rectum cum eo
nec fideles habiti sunt in testamento eius 78:38
Ipse autem est misericors et propitius fiet peccatis
eorum et non perdet eos et abundabit ut avertat iram
suam et non accendet omnem iram suam 78:39
Et recordatus est quia caro sunt spiritus vadens et
non rediens 78:40 Quotiens exacerbaverunt
eum in deserto in ira concitaverunt eum in inaquoso
78:41 Et conversi sunt et temptaverunt Deum
et Sanctum Israhel exacerbaverunt 78:42 Non
sunt recordati manus eius die qua redemit eos de manu
tribulantis 78:43 Sicut posuit in Aegypto signa
sua et prodigia sua in campo Taneos 78:44
Et convertit in sanguine flumina eorum et imbres
eorum ne biberent 78:45 Misit in eos cynomiam et
comedit eos et ranam et disperdit eos 78:46 Et
dedit erugini fructus eorum et labores eorum lucustae
78:47 Et occidit in grandine vineam eorum
et moros eorum in pruina 78:48 Et tradidit
grandini iumenta eorum et possessionem eorum igni

78:49 Misit in eos iram indignationis suae indignationem et iram et tribulationem inmissionem per angelos malos 78:50 Viam fecit semitae irae suae non pepercit a morte animarum eorum et iumenta eorum in morte conclusit 78:51 Et percussit omne primitivum in terra Aegypti primitias laborum eorum in tabernaculis Cham 78:52 Et abstulit sicut oves populum suum et perduxit eos tamquam gregem in deserto 78:53 Et deduxit eos in spe et non timuerunt et inimicos eorum operuit mare 78:54 Et induxit eos in montem sanctificationis suae montem quem adquisivit dextera eius et eiecit a facie eorum gentes et sorte divisit eis terram in funiculo distributionis 78:55 Et habitare fecit in tabernaculis eorum tribus Israhel 78:56 Et temptaverunt et exacerbaverunt Deum excelsum et testimonia eius non custodierunt 78:57 Et averterunt se et non servaverunt pactum quemadmodum patres eorum conversi sunt in arcum pravum 78:58 Et in ira concitaverunt eum in collibus suis et in sculptilibus suis ad aemulationem eum provocaverunt 78:59 Audivit Deus et sprevit et ad nihilum redegit valde Israhel 78:60 Et reppulit tabernaculum Selo tabernaculum suum ubi habitavit in hominibus 78:61 Et tradidit in captivitatem virtutem eorum et pulchritudinem eorum in manus inimici 78:62 Et conclusit in gladio populum suum et hereditatem suam sprevit 78:63 Iuvenes eorum comedit ignis et virgines

eorum non sunt lamentatae 78:64 Sacerdotes
eorum in gladio ceciderunt et viduae eorum non
plorabuntur 78:65 Et excitatus est tamquam
dormiens Dominus tamquam potens crapulatus a vino
78:66 Et percussit inimicos suos in posteriora
obprobrium sempiternum dedit illis 78:67 Et
reppulit tabernaculum Ioseph et tribum Effrem
non elegit 78:68 Et elegit tribum Iuda montem
Sion quem dilexit 78:69 Et aedificavit sicut
unicornium sanctificium suum in terra quam fundavit
in saecula 78:70 Et elegit David servum suum
et sustulit eum de gregibus ovium de post fetantes
accepit eum 78:71 Pascere Iacob servum suum et
Israhel hereditatem suam 78:72 Et pavit eos
in innocentia cordis sui et in intellectibus manuum
suarum deduxit eos

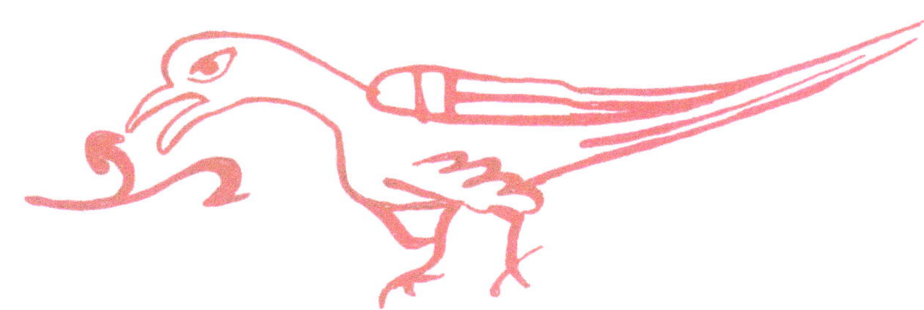

(psalmus Asaph)

## 79

Deus venerunt gentes in hereditatem tuam
polluerunt templum sanctum tuum

posuerunt Hierusalem in pomorum custodiam 79:2 Posuerunt morticina servorum tuorum escas volatilibus caeli carnes sanctorum tuorum bestiis terrae 79:3 Effuderunt sanguinem ipsorum tamquam aquam in circuitu Hierusalem et non erat qui sepeliret 79:4 Facti sumus obprobrium vicinis nostris subsannatio et inlusio his qui circum nos sunt 79:5 Usquequo Domine irasceris in finem accendetur velut ignis zelus tuus 79:6 Effunde iram tuam in gentes quae te non noverunt et in regna quae nomen tuum non invocaverunt 79:7 Quia comederunt Iacob et locum eius desolaverunt 79:8 Ne memineris iniquitatum nostrarum antiquarum cito anticipent nos misericordiae tuae quia pauperes facti sumus nimis 79:9 Adiuva nos Deus salutaris noster propter gloriam nominis tui Domine libera nos et propitius esto peccatis nostris propter nomen tuum 79:10 Ne forte dicant in gentibus ubi est Deus eorum et innotescat in nationibus coram oculis nostris ultio sanguinis servorum tuorum qui effusus est 79:11 Introeat in conspectu tuo gemitus conpeditorum secundum magnitudinem brachii tui posside filios mortificatorum 79:12 Et redde vicinis nostris septuplum in sinu eorum inproperium ipsorum quod exprobraverunt tibi Domine 79:13 Nos autem populus tuus et oves pascuae tuae confitebimur tibi in saeculum in generationem et generationem adnuntiabimus laudem tuam

## 80

Qui regis Israhel intende qui deducis tamquam oves Ioseph qui sedes super cherubin manifestare 80:2 Coram Effraim et Beniamin et Manasse excita potentiam tuam et veni ut salvos facias nos 80:3 Deus converte nos et ostende faciem tuam et salvi erimus 80:4 Domine Deus virtutum quousque irasceris super orationem servi tui 80:5 Cibabis nos pane lacrimarum et potum dabis nobis in lacrimis in mensura 80:6 Posuisti nos in contradictionem vicinis nostris et inimici nostri subsannaverunt nos 80:7 Deus virtutum converte nos et ostende faciem tuam et salvi erimus 80:8 Vineam de Aegypto transtulisti eiecisti gentes et plantasti eam 80:9 Dux itineris fuisti in conspectu eius et plantasti radices eius et implevit terram 80:10 Operuit montes umbra eius et arbusta eius cedros Dei 80:11 Extendit palmites suos usque ad mare et usque ad flumen propagines eius 80:12 Ut quid destruxisti maceriam eius et vindemiant eam omnes

qui praetergrediuntur viam 80:13 Exterminavit
eam aper de silva et singularis ferus depastus est
eam 80:14 Deus virtutum convertere respice
de caelo et vide et visita vineam istam 80:15
Et perfice eam quam plantavit dextera tua et super
filium quem confirmasti tibi 80:16 Incensa
igni et suffossa ab increpatione vultus tui peribunt
80:17 Fiat manus tua super virum dexterae
tuae et super filium hominis quem confirmasti tibi
80:18 Et non discedimus a te vivificabis nos et
nomen tuum invocabimus 80:19 Domine Deus
virtutum converte nos et ostende faciem tuam et salvi
erimus

(in finem pro torcularibus Asaph)

81

Exultate Deo adiutori nostro iubilate Deo
Iacob 81:2 Sumite psalmum et date
tympanum psalterium iucundum cum cithara 81:3
Bucinate in neomenia tuba in insigni die sollemnitatis
nostrae 81:4 Quia praeceptum Israhel est
et iudicium Dei Iacob 81:5 Testimonium
in Ioseph posuit illud cum exiret de terra Aegypti
linguam quam non noverat audivit 81:6 Devertit
ab oneribus dorsum eius manus eius in cofino servierunt
81:7 In tribulatione invocasti me et liberavi te

exaudivi te in abscondito tempestatis probavi te apud aquam Contradictionis diapsalma 81:8 Audi populus meus et contestabor te Israhel si audias me 81:9 Non erit in te deus recens nec adorabis deum alienum 81:10 Ego enim sum Dominus Deus tuus qui eduxi te de terra Aegypti dilata os tuum et implebo illud 81:11 Et non audivit populus meus vocem meam et Israhel non intendit mihi 81:12 Et dimisi illos secundum desideria cordis eorum ibunt in adinventionibus suis 81:13 Si populus meus audisset me Israhel si in viis meis ambulasset 81:14 Pro nihilo forsitan inimicos eorum humiliassem et super tribulantes eos misissem manum meam 81:15 Inimici Domini mentiti sunt ei et erit tempus eorum in saeculo 81:16 Et cibavit illos ex adipe frumenti et de petra melle saturavit illos

(psalmus Asaph)

## 82

Deus stetit in synagoga deorum in medio autem Deus deiudicat 82:2 Usquequo iudicatis iniquitatem et facies peccatorum sumitis diapsalma 82:3 Iudicate egenum et pupillum

humilem et pauperem iustificate 82:4 Eripite
pauperem et egenum de manu peccatoris liberate
82:5 Nescierunt neque intellexerunt in tenebris
ambulant movebuntur omnia fundamenta terrae
82:6 Ego dixi dii estis et filii Excelsi omnes
82:7 Vos autem sicut homines moriemini et
sicut unus de principibus cadetis 82:8 Surge
Deus iudica terram quoniam tu hereditabis in omnibus
gentibus

(canticum psalmi Asaph)

# 83

Deus quis similis erit tibi ne taceas neque
conpescaris Deus 83:2 Quoniam ecce
inimici tui sonaverunt et qui oderunt te extulerunt

caput  83:3 Super populum tuum malignaverunt consilium et cogitaverunt adversus sanctos tuos 83:4 Dixerunt venite et disperdamus eos de gente et non memoretur nomen Israhel ultra 83:5 Quoniam cogitaverunt unianimiter simul adversum te testamentum disposuerunt 83:6 Tabernacula Idumeorum et Ismahelitae Moab et Aggareni 83:7 Gebal et Ammon et Amalech alienigenae cum habitantibus Tyrum 83:8 Etenim Assur venit cum illis facti sunt in adiutorium filiis Loth diapsalma 83:9 Fac illis sicut Madiam et Sisarae sicut Iabin in torrente Cison 83:10 Disperierunt in Endor facti sunt ut stercus terrae 83:11 Pone principes eorum sicut Oreb et Zeb et Zebee et Salmana omnes principes eorum 83:12 Qui dixerunt hereditate possideamus sanctuarium Dei 83:13 Deus meus pone illos ut rotam sicut stipulam ante faciem venti 83:14 Sicut ignis qui conburit silvam sicut flamma conburens montes 83:15 Ita persequeris illos in tempestate tua et in ira tua turbabis eos 83:16 Imple facies illorum ignominia et quaerent nomen tuum Domine 83:17 Erubescant et conturbentur in saeculum saeculi et confundantur et pereant 83:18 Et cognoscant quia nomen tibi Dominus tu solus Altissimus in omni terra

(in finem pro torcularibus filiis Core psalmus)

84

Quam dilecta tabernacula tua Domine virtutum 84:2 Concupiscit et defecit anima mea in atria Domini cor meum et caro mea exultavit in Deum vivum 84:3 Etenim passer invenit sibi; domum et turtur nidum sibi ubi ponat pullos suos altaria tua Domine virtutum rex meus et Deus meus 84:4 Beati qui habitant in domo tua in saecula saeculorum laudabunt te diapsalma 84:5 Beatus vir cui est auxilium abs te ascensiones in corde suo disposuit 84:6 In valle lacrimarum in loco quem posuit 84:7 Etenim benedictiones dabit legis dator ibunt de virtute in virtutem videbitur Deus deorum in Sion 84:8 Domine Deus virtutum exaudi orationem meam auribus percipe Deus Iacob diapsalma 84:9 Protector noster aspice Deus et respice in faciem christi tui 84:10 Quia melior est dies una in atriis tuis super milia elegi abiectus esse in domo Dei mei magis quam habitare in tabernaculis peccatorum 84:11 Quia misericordiam et veritatem diligit; Deus gratiam et gloriam dabit Dominus 84:12 Non privabit bonis eos qui ambulant in innocentia Domine virtutum beatus vir qui sperat in te

# 85

**B**enedixisti Domine terram tuam avertisti captivitatem Iacob 85:2 **R**emisisti iniquitates plebis tuae operuisti omnia peccata eorum diapsalma 85:3 **M**itigasti omnem iram tuam avertisti ab ira indignationis tuae 85:4 **C**onverte nos Deus salutum nostrarum et averte iram tuam a nobis 85:5 **N**umquid in aeternum irasceris nobis aut extendes iram tuam a generatione in generationem 85:6 **D**eus tu conversus vivificabis nos et plebs tua laetabitur in te 85:7 **O**stende nobis Domine misericordiam tuam et salutare tuum da nobis 85:8 **A**udiam quid loquatur in me; Dominus Deus quoniam loquetur pacem in plebem suam et super sanctos suos et in eos qui convertuntur ad cor 85:9 **V**erumtamen prope timentes eum salutare ipsius ut inhabitet gloria in terra nostra 85:10 **M**isericordia et veritas obviaverunt sibi; iustitia et pax osculatae sunt 85:11 **V**eritas de terra orta est et iustitia de caelo prospexit 85:12 **E**tenim Dominus dabit benignitatem et terra nostra dabit fructum suum 85:13 **I**ustitia ante eum ambulabit et ponet in via gressus suos

# 86

Inclina Domine aurem tuam et; exaudi me quoniam inops et pauper sum ego 86:2 Custodi animam meam quoniam sanctus sum salvum fac servum tuum Deus meus sperantem in te 86:3 Miserere mei Domine quoniam ad te clamabo tota die 86:4 Laetifica animam servi tui quoniam ad te Domine animam meam levavi 86:5 Quoniam tu Domine suavis et mitis et multae misericordiae omnibus invocantibus te 86:6 Auribus percipe Domine orationem meam et intende voci orationis meae 86:7 In die tribulationis meae clamavi ad te quia exaudisti me 86:8 Non est similis tui in diis Domine et non est secundum opera tua 86:9 Omnes gentes quascumque fecisti venient et adorabunt coram te Domine et glorificabunt nomen tuum 86:10 Quoniam magnus es tu et faciens mirabilia tu es Deus solus 86:11 Deduc me Domine in via tua et ingrediar in veritate tua laetetur cor meum ut timeat nomen tuum 86:12 Confitebor tibi Domine Deus meus in toto corde meo et glorificabo nomen tuum in aeternum 86:13 Quia misericordia tua magna est super me et eruisti animam meam ex inferno inferiori 86:14 Deus iniqui insurrexerunt super me et synagoga potentium quaesierunt animam meam et non proposuerunt te in conspectu suo 86:15

Et tu Domine Deus miserator et misericors patiens et
multae misericordiae et verax 86:16 Respice in me
et miserere mei da imperium tuum puero tuo et salvum
fac filium ancillae tuae 86:17 Fac mecum signum
in bono et videant qui oderunt me et confundantur
quoniam tu Domine adiuvasti me et consolatus es me

(filiis Core psalmus cantici)

87

Fundamenta eius in montibus sanctis
87:2 Diligit Dominus portas Sion
super omnia tabernacula Iacob 87:3 Gloriosa dicta
sunt de te civitas Dei diapsalma 87:4 Memor
ero Raab et Babylonis scientibus me ecce alienigenae
et Tyrus et populus Aethiopum hii fuerunt illic
87:5 Numquid Sion dicet homo et homo
natus est in ea et ipse fundavit eam Altissimus
87:6 Dominus narrabit in scriptura populorum
et principum horum qui fuerunt in ea diapsalma
87:7 Sicut laetantium omnium habitatio in te

## 88

**D**omine Deus salutis meae die clamavi et nocte coram te **88:2** Intret in conspectu tuo oratio mea inclina aurem tuam ad precem meam **88:3** Quia repleta est malis anima mea et vita mea in inferno adpropinquavit **88:4** Aestimatus sum cum descendentibus in lacum factus sum sicut homo sine adiutorio **88:5** Inter mortuos liber sicut vulnerati dormientes in sepulchris quorum non es memor amplius et ipsi de manu tua repulsi sunt **88:6** Posuerunt me in lacu inferiori in tenebrosis et in umbra mortis **88:7** Super me confirmatus est furor tuus et omnes fluctus tuos induxisti super me diapsalma **88:8** Longe fecisti notos meos a me posuerunt me abominationem

sibi traditus sum et non egrediebar  88:9 Oculi
mei languerunt prae inopia clamavi ad te Domine tota
die expandi ad te manus meas 88:10 Numquid
mortuis facies mirabilia aut medici suscitabunt et
confitebuntur tibi diapsalma 88:11 Numquid
narrabit aliquis in sepulchro misericordiam tuam et
veritatem tuam in perditione 88:12 Numquid
cognoscentur in tenebris mirabilia tua et iustitia
tua in terra oblivionis 88:13 Et ego ad te Domine
clamavi et mane oratio mea praeveniet te 88:14
Ut quid Domine repellis orationem meam avertis
faciem tuam a me 88:15 Pauper sum ego
et in laboribus a iuventute mea exaltatus autem
humiliatus sum et conturbatus 88:16 In me
transierunt irae tuae et terrores tui conturbaverunt
me 88:17 Circuierunt me sicut aqua tota die
circumdederunt me simul 88:18 Elongasti a me
amicum et proximum et notos meos a miseria

(intellectus Aethan Ezraitae)

89

Misericordias Domini in aeternum cantabo in
generationem et generationem adnuntiabo
veritatem tuam in ore meo 89:2 Quoniam

dixisti in aeternum misericordia aedificabitur in caelis praeparabitur veritas tua in eis; 89:3 Disposui testamentum electis meis iuravi David servo meo 89:4 Usque in aeternum praeparabo semen tuum et aedificabo in generationem et generationem sedem tuam diapsalma 89:5 Confitebuntur caeli mirabilia tua Domine etenim veritatem tuam in ecclesia sanctorum 89:6 Quoniam quis in nubibus aequabitur Domino similis erit Domino in filiis Dei 89:7 Deus qui glorificatur in consilio sanctorum magnus et horrendus super omnes qui in circuitu eius sunt 89:8 Domine Deus virtutum quis similis tibi potens es Domine et veritas tua in circuitu tuo 89:9 Tu dominaris potestatis maris motum autem fluctuum eius tu mitigas 89:10 Tu humiliasti sicut vulneratum superbum in brachio virtutis tuae dispersisti inimicos tuos 89:11 Tui sunt caeli et tua est terra orbem terrae et plenitudinem eius tu fundasti 89:12 Aquilonem et mare tu creasti Thabor et Hermon in nomine tuo exultabunt 89:13 Tuum brachium cum potentia firmetur manus tua et exaltetur dextera tua 89:14 Iustitia et iudicium praeparatio sedis tuae misericordia et veritas praecedent faciem tuam 89:15 Beatus populus qui scit iubilationem Domine in lumine vultus tui ambulabunt 89:16 Et in nomine tuo exultabunt tota die et in iustitia tua exaltabuntur 89:17 Quoniam gloria virtutis eorum tu es et in beneplacito tuo exaltabitur

cornu nostrum 89:18 Quia Domini est adsumptio
nostra; et Sancti Israhel regis nostri 89:19
Tunc locutus es in visione sanctis tuis et dixisti
posui adiutorium in potentem exaltavi electum de
plebe mea 89:20 Inveni David servum meum in
oleo sancto meo linui eum 89:21 Manus enim
mea auxiliabitur ei et brachium meum confirmabit
eum 89:22 Nihil proficiet inimicus in eo et filius
iniquitatis non adponet nocere eum 89:23 Et
concidam a facie ipsius inimicos eius et odientes eum
in fugam convertam 89:24 Et veritas mea et
misericordia mea cum ipso et in nomine meo exaltabitur
cornu eius 89:25 Et ponam in mari manum
eius et in fluminibus dexteram eius 89:26 Ipse
invocabit me pater meus es tu Deus meus et susceptor
salutis meae 89:27 Et ego primogenitum
ponam illum excelsum prae regibus terrae 89:28
In aeternum servabo illi misericordiam meam et
testamentum meum fidele ipsi 89:29 Et ponam in
saeculum saeculi semen eius et thronum eius sicut dies
caeli 89:30 Si dereliquerint filii eius legem
meam et in iudiciis meis non ambulaverint 89:31
Si iustitias meas profanaverint et mandata mea non
custodierint 89:32 Visitabo in virga iniquitates
eorum et in verberibus peccata eorum 89:33
Misericordiam autem meam non dispergam ab eo
neque nocebo in veritate mea 89:34 Neque profanabo
testamentum meum et quae procedunt de labiis
meis non faciam irrita 89:35 Semel iuravi in

sancto meo si David mentiar 89:36 Semen eius in aeternum manebit 89:37 Et thronus eius sicut sol in conspectu meo et sicut luna perfecta in aeternum et testis in caelo fidelis diapsalma 89:38 Tu vero reppulisti et despexisti distulisti christum tuum 89:39 Evertisti testamentum servi tui profanasti in terram sanctuarium eius 89:40 Destruxisti omnes sepes eius posuisti firmamenta eius formidinem 89:41 Diripuerunt eum omnes transeuntes viam factus est obprobrium vicinis suis 89:42 Exaltasti dexteram deprimentium eum laetificasti omnes inimicos eius 89:43 Avertisti adiutorium gladii eius et non es auxiliatus ei in bello 89:44 Destruxisti eum a mundatione sedem eius in terram conlisisti 89:45 Minorasti dies temporis eius perfudisti eum confusione diapsalma 89:46 Usquequo Domine avertis in finem exardescet sicut ignis ira tua 89:47 Memorare quae mea substantia numquid enim vane constituisti omnes filios hominum 89:48 Quis est homo qui vivet et non videbit mortem eruet animam suam de manu inferi diapsalma 89:49 Ubi sunt misericordiae tuae antiquae Domine sicut iurasti David in veritate tua 89:50 Memor esto Domine obprobrii servorum tuorum quod continui in sinu meo multarum gentium 89:51 Quod exprobraverunt inimici tui Domine quod exprobraverunt commutationem christi tui 89:52 Benedictus Dominus in aeternum fiat fiat

(oratio Mosi)

## 90

**H**ominis Dei Domine refugium tu factus es nobis in generatione et generatione 90:2 **P**riusquam montes fierent et formaretur terra et orbis a saeculo usque in saeculum tu es Deus 90:3 **N**e avertas hominem in humilitatem et dixisti convertimini filii hominum 90:4 **Q**uoniam mille anni ante oculos tuos tamquam dies hesterna quae praeteriit et custodia in nocte 90:5 **Q**uae pro nihilo habentur eorum anni erunt 90:6 **M**ane sicut herba transeat mane floreat et transeat vespere decidat induret et arescat 90:7 **Q**uia defecimus in ira tua et in furore tuo turbati sumus 90:8 **P**osuisti iniquitates nostras in conspectu tuo saeculum nostrum in inluminatione vultus tui 90:9 **Q**uoniam omnes dies nostri defecerunt in ira tua defecimus anni nostri sicut aranea meditabantur 90:10 **D**ies annorum nostrorum in ipsis septuaginta anni si autem in potentatibus octoginta anni et amplius eorum labor et dolor quoniam supervenit mansuetudo et corripiemur 90:11 **Q**uis novit potestatem irae tuae et

prae timore tuo iram tuam 90:12 Dinumerare
dexteram tuam sic notam fac et conpeditos corde in
sapientia 90:13 Convertere Domine usquequo
et deprecabilis esto super servos tuos 90:14
Repleti sumus mane misericordia tua et exultavimus
et delectati sumus in omnibus diebus nostris 90:15
Laetati sumus pro diebus quibus nos humiliasti annis
quibus vidimus mala 90:16 Et respice in servos
tuos et in opera tua et dirige filios eorum 90:17
Et sit splendor Domini Dei nostri super nos et opera
manuum nostrarum dirige super nos et opus manuum
nostrarum dirige;

(laus cantici David)

## 91

Qui habitat in adiutorio Altissimi in
protectione Dei caeli commorabitur 91:2
Dicet Domino susceptor meus es tu et refugium meum

Deus meus sperabo in eum 91:3 Quoniam ipse liberabit me de laqueo venantium et a verbo aspero 91:4 In scapulis suis obumbrabit te et sub pinnis eius sperabis 91:5 Scuto circumdabit te veritas eius non timebis a timore nocturno 91:6 A sagitta volante in die a negotio perambulante in tenebris ab incursu et daemonio meridiano 91:7 Cadent a latere tuo mille et decem milia a dextris tuis ad te autem non adpropinquabit 91:8 Verumtamen oculis tuis considerabis et retributionem peccatorum videbis 91:9 Quoniam tu Domine spes mea Altissimum posuisti refugium tuum 91:10 Non accedent ad te mala et flagellum non adpropinquabit tabernaculo tuo 91:11 Quoniam angelis suis mandabit de te ut custodiant te in omnibus viis tuis 91:12 In manibus portabunt te ne forte offendas ad lapidem pedem tuum 91:13 Super aspidem et basiliscum ambulabis et; conculcabis leonem et draconem 91:14 Quoniam in me speravit et liberabo eum protegam eum quia cognovit nomen meum 91:15 Clamabit ad me et exaudiam eum cum ipso sum in tribulatione eripiam eum et clarificabo eum 91:16 Longitudine dierum replebo eum et ostendam illi salutare meum

## 92

Bonum est confiteri Domino et psallere nomini tuo Altissime 92:2 Ad adnuntiandum mane misericordiam tuam et veritatem tuam per noctem 92:3 In decacordo psalterio cum cantico in cithara 92:4 Quia delectasti me Domine in factura tua et in operibus manuum tuarum exultabo 92:5 Quam magnificata sunt opera tua Domine nimis profundae factae sunt cogitationes tuae 92:6 Vir insipiens non cognoscet et stultus non intelleget haec 92:7 Cum exorti fuerint peccatores sicut faenum et apparuerint omnes qui operantur iniquitatem ut intereant in saeculum saeculi; 92:8 Tu autem Altissimus in aeternum Domine 92:9 Quoniam ecce inimici tui Domine; quoniam ecce inimici tui peribunt et dispergentur omnes qui operantur iniquitatem 92:10 Et exaltabitur sicut unicornis cornu meum et senectus mea in misericordia uberi 92:11 Et despexit oculus meus inimicis meis et insurgentibus in me malignantibus audiet auris mea 92:12 Iustus ut palma florebit ut cedrus Libani multiplicabitur 92:13 Plantati in domo Domini in atriis Dei nostri florebunt 92:14 Adhuc multiplicabuntur in senecta uberi et bene patientes erunt 92:15 Ut adnuntient quoniam rectus Dominus Deus noster et non est iniquitas in eo

(laus cantici David in die ante sabbatum)

## 93

Quando inhabitata est terra Dominus regnavit decore indutus est indutus est Dominus fortitudine et praecinxit se etenim firmavit orbem terrae qui non commovebitur 93:2 Parata sedis tua ex tunc a saeculo tu es 93:3 Elevaverunt flumina Domine elevaverunt flumina vocem suam elevabunt flumina fluctus suos; 93:4 A vocibus aquarum multarum mirabiles elationes maris mirabilis in altis Dominus 93:5 Testimonia tua credibilia facta sunt nimis domum tuam decet sanctitudo Domine in longitudine dierum

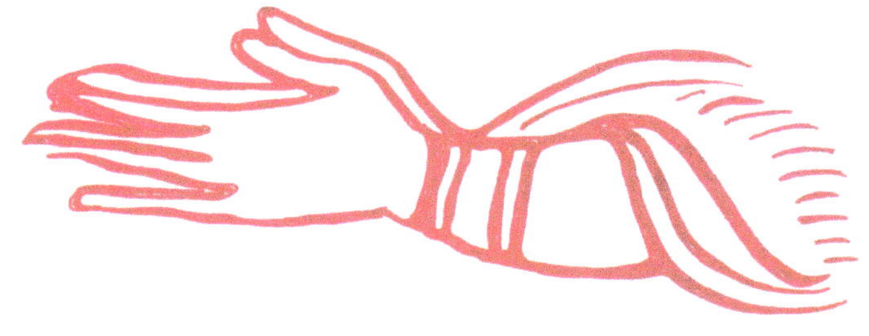

## 94

Deus ultionum Dominus Deus ultionum libere egit 94:2 Exaltare qui iudicas terram redde retributionem superbis 94:3 Usquequo peccatores Domine usquequo peccatores gloriabuntur 94:4 Effabuntur et loquentur iniquitatem loquentur omnes qui operantur iniustitiam 94:5 Populum tuum Domine humiliaverunt et hereditatem tuam vexaverunt 94:6 Viduam et advenam interfecerunt et pupillos occiderunt 94:7 Et dixerunt non videbit Dominus nec intelleget Deus Iacob 94:8 Intellegite qui insipientes estis in populo et stulti aliquando sapite 94:9 Qui plantavit aurem non audiet aut qui finxit oculum non considerat 94:10 Qui corripit gentes non arguet qui docet hominem scientiam 94:11 Dominus scit cogitationes hominum quoniam vanae sunt 94:12 Beatus homo quem tu erudieris Domine et de lege tua docueris eum 94:13 Ut mitiges ei a diebus malis donec fodiatur peccatori fovea 94:14 Quia non repellet Dominus plebem suam et hereditatem suam non derelinquet 94:15 Quoadusque iustitia convertatur in iudicium et qui iuxta illam omnes qui recto sunt corde diapsalma 94:16 Quis consurget mihi adversus malignantes aut quis stabit mecum adversus operantes iniquitatem 94:17 Nisi quia Dominus adiuvit me paulo minus habitavit in inferno anima mea 94:18 Si dicebam motus est pes meus misericordia tua Domine adiuvabat me 94:19 Secundum multitudinem dolorum meorum in corde meo consolationes tuae laetificaverunt animam meam 94:20 Numquid aderit tibi sedis iniquitatis qui fingis dolorem in praecepto 94:21 Captabunt in animam iusti et sanguinem innocentem condemnabunt 94:22 Et factus est Dominus mihi in refugium et Deus meus in adiutorem spei meae 94:23 Et reddet illis iniquitatem ipsorum et in malitia eorum disperdet eos disperdet illos Dominus Deus noster

(laus cantici David)

## 95

Venite exultemus Domino iubilemus Deo salutari nostro 95:2 Praeoccupemus faciem eius in confessione et in psalmis iubilemus ei 95:3 Quoniam Deus magnus Dominus et rex magnus super omnes deos 95:4 Quia in manu eius fines terrae et altitudines montium ipsius sunt 95:5 Quoniam ipsius est mare et ipse fecit illud et siccam manus eius formaverunt 95:6 Venite

adoremus et procidamus et ploremus ante Dominum
qui fecit nos          95:7 Quia ipse est Deus noster
et nos populus pascuae eius et oves manus eius
    95:8 Hodie si vocem eius audieritis nolite obdurare
corda vestra      95:9 Sicut in inritatione secundum
diem temptationis in deserto ubi temptaverunt me
patres vestri probaverunt me; et viderunt opera
mea            95:10 Quadraginta annis offensus fui
generationi illi et dixi semper errant corde et isti non
cognoverunt vias meas      95:11 Ut iuravi in ira mea
si intrabunt in requiem meam

(quando domus aedificabatur post
captivitatem canticum huic David)

## 96

Cantate Domino canticum novum cantate
Domino omnis terra          96:2 Cantate
Domino benedicite nomini eius adnuntiate diem de die
salutare eius          96:3 Adnuntiate inter gentes
gloriam eius in omnibus populis mirabilia eius      96:4
Quoniam magnus Dominus et laudabilis valde
terribilis est super omnes deos          96:5 Quoniam

omnes du gentium daemonia at vero Dominus caelos
fecit ❧ 96:6 Confessio et pulchritudo in conspectu
eius sanctimonia et magnificentia in sanctificatione
eius ❧ 96:7 Adferte Domino patriae gentium
adferte Domino gloriam et honorem ❧ 96:8
Adferte Domino gloriam nomini eius tollite hostias
et introite in atria eius ❧ 96:9 Adorate Dominum
in atrio sancto eius commoveatur a facie eius universa
terra ❧ 96:10 Dicite in gentibus quia Dominus
regnavit etenim correxit orbem qui non movebitur
iudicabit populos in aequitate ❧ 96:11 Laetentur
caeli et exultet terra commoveatur mare et plenitudo
eius ❧ 96:12 Gaudebunt campi et omnia quae
in eis sunt tunc exultabunt omnia ligna silvarum
❧ 96:13 A facie Domini quia venit quoniam venit
iudicare terram iudicabit orbem terrae in aequitate et
populos in veritate sua

(huic David)

## 97

Quando terra eius restituta est Dominus
regnavit exultet terra laetentur insulae
multae ❧ 97:2 Nubes et caligo in circuitu eius
iustitia et iudicium correctio sedis eius ❧ 97:3

Ignis ante ipsum praecedet et inflammabit in circuitu inimicos eius  97:4  Adluxerunt fulgora eius orbi terrae vidit et commota est terra  97:5  Montes sicut cera fluxerunt a facie Domini; a facie Domini omnis terrae  97:6  Adnuntiaverunt caeli iustitiam eius et viderunt omnes populi gloriam eius  97:7  Confundantur omnes qui adorant sculptilia qui gloriantur in simulacris suis adorate eum omnes angeli eius  97:8  Audivit et laetata est Sion et exultaverunt filiae Iudaeae propter iudicia tua Domine  97:9  Quoniam tu Dominus Altissimus super omnem terram nimis superexaltatus es super omnes deos  97:10  Qui diligitis Dominum odite malum custodit animas sanctorum suorum de manu peccatoris liberabit eos  97:11  Lux orta est iusto et rectis corde laetitia  97:12  Laetamini iusti in Domino et confitemini memoriae sanctificationis eius

(psalmus David)

## 98

Cantate Domino canticum novum quoniam mirabilia fecit salvavit sibi dextera eius et brachium sanctum eius 98:2 Notum fecit Dominus salutare suum in conspectu gentium revelavit iustitiam suam 98:3 Recordatus est misericordiae suae et veritatem suam domui Israhel viderunt omnes termini terrae salutare Dei nostri 98:4 Iubilate Domino omnis terra cantate et exultate et psallite 98:5 Psallite Domino in cithara in cithara et voce psalmi 98:6 In tubis ductilibus et voce tubae corneae iubilate in conspectu regis Domini 98:7 Moveatur mare et plenitudo eius orbis terrarum et qui habitant in eo 98:8 Flumina plaudent manu simul montes exultabunt 98:9 A conspectu Domini quoniam venit iudicare terram iudicabit orbem terrarum in iustitia et populos in aequitate

(psalmus David)

## 99

Dominus regnavit irascantur populi qui sedet super cherubin moveatur terra 99:2 Dominus in Sion magnus et excelsus est super omnes populos 99:3 Confiteantur nomini tuo magno quoniam terribile et sanctum est 99:4 Et honor regis iudicium diligit tu parasti directiones iudicium et iustitiam in Iacob tu fecisti 99:5 Exaltate Dominum Deum nostrum et adorate scabillum pedum

eius quoniam sanctum est 99:6 Moses et Aaron
in sacerdotibus eius et Samuhel inter eos qui invocant
nomen eius invocabant Dominum et ipse exaudiebat
illos 99:7 In columna nubis loquebatur ad eos
custodiebant testimonia eius et praeceptum quod
dedit illis 99:8 Domine Deus noster tu exaudiebas
illos Deus tu propitius fuisti eis et ulciscens in omnes
adinventiones eorum 99:9 Exaltate Dominum
Deum nostrum et adorate in monte sancto eius quoniam
sanctus Dominus Deus noster

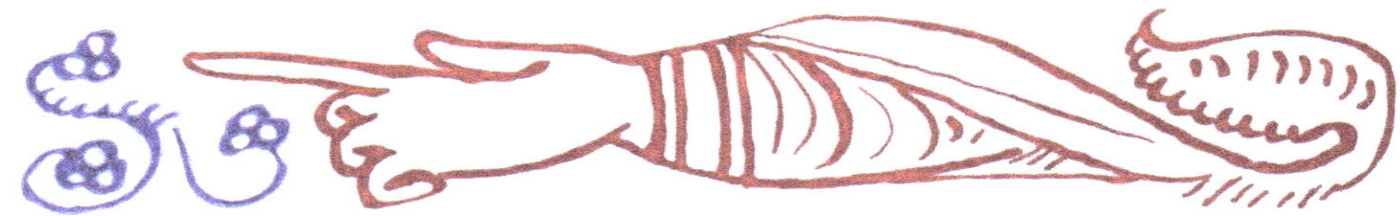

(psalmus in confessione)

# 100

Iubilate Domino omnis terra 100:2
Servite Domino in laetitia introite in
conspectu eius in exultatione 100:3 Scitote
quoniam Dominus ipse est Deus ipse fecit nos et non
ipsi nos populus eius et oves pascuae eius 100:4
Introite portas eius in confessione atria eius in
hymnis confitemini illi laudate nomen eius 100:5
Quoniam suavis Dominus in aeternum misericordia
eius et usque in generationem et generationem veritas
eius

(David psalmus)

101

Misericordiam et iudicium cantabo tibi Domine psallam 101:2 Et intellegam in via inmaculata quando venies ad me perambulabam in innocentia cordis mei in medio domus meae 101:3 Non proponebam ante oculos meos rem iniustam facientes praevaricationes odivi non adhesit mihi 101:4 Cor pravum declinante a me maligno non cognoscebam 101:5 Detrahentem secreto proximo suo hunc persequebar superbo oculo et insatiabili corde cum hoc non edebam 101:6 Oculi mei ad fideles terrae ut sederent mecum ambulans in via inmaculata hic mihi ministrabat 101:7 Non habitabat in medio domus meae qui facit superbiam qui loquitur iniqua non direxit in conspectu oculorum meorum 101:8 In matutino interficiebam omnes peccatores terrae ut disperderem de civitate Domini omnes operantes iniquitatem

(oratio pauperis cum anxius fuerit et
coram Domino effuderit precem suam)

## 102

Domine exaudi orationem meam et clamor
meus ad te veniat ❧ 102:2 Non avertas
faciem tuam a me in quacumque die tribulor inclina ad
me aurem tuam in quacumque die invocavero te velociter
exaudi me ❧ 102:3 Quia defecerunt sicut
fumus dies mei et ossa mea sicut gremium aruerunt
❧ 102:4 Percussum est ut faenum et aruit cor
meum quia oblitus sum comedere panem meum ❧ 102:5
A voce gemitus mei adhesit os meum carni meae
❧ 102:6 Similis factus sum pelicano solitudinis
factus sum sicut nycticorax in domicilio ❧ 102:7
Vigilavi et factus sum sicut passer solitarius in tecto
❧ 102:8 Tota die exprobrabant mihi inimici mei et
qui laudabant me adversus me iurabant ❧ 102:9
Quia cinerem tamquam panem manducavi et
poculum meum cum fletu miscebam ❧ 102:10 A
facie irae et indignationis tuae quia elevans adlisisti
me ❧ 102:11 Dies mei sicut umbra declinaverunt

et ego sicut faenum arui 102:12 Tu autem
Domine in aeternum permanes et memoriale tuum
in generationem et generationem 102:13 Tu
exsurgens misereberis Sion quia tempus miserendi
eius quia venit tempus 102:14 Quoniam
placuerunt servis tuis lapides eius et terrae eius
miserebuntur 102:15 Et timebunt gentes nomen
Domini et omnes reges terrae gloriam tuam 102:16
Quia aedificabit Dominus Sion et videbitur in gloria
sua 102:17 Respexit in orationem humilium
et non sprevit precem eorum 102:18 Scribantur
haec in generationem alteram et populus qui creabitur
laudabit Dominum 102:19 Quia prospexit de
excelso sancto suo Dominus de caelo in terram aspexit
102:20 Ut audiret gemitum conpeditorum
ut solvat filios interemptorum 102:21 Ut
adnuntiet in Sion nomen Domini et laudem suam in
Hierusalem 102:22 In conveniendo populos
in unum et reges ut serviant Domino 102:23
Respondit ei in via virtutis suae paucitatem
dierum meorum nuntia mihi 102:24 Ne revoces
me in dimidio dierum meorum in generationem et
generationem anni tui 102:25 Initio tu Domine
terram fundasti et opera manuum tuarum sunt caeli
102:26 Ipsi peribunt tu autem permanes et omnes
sicut vestimentum veterescent et sicut opertorium
mutabis eos et mutabuntur 102:27 Tu autem
idem ipse es et anni tui non deficient 102:28
Filii servorum tuorum habitabunt et semen eorum in

saeculum dirigetur

(ipsi David)

## 103

Benedic anima mea Domino et omnia quae intra me sunt nomini sancto eius 103:2 Benedic anima mea Domino et noli oblivisci omnes retributiones eius 103:3 Qui propitiatur omnibus iniquitatibus tuis qui sanat omnes infirmitates tuas 103:4 Qui redimit de interitu vitam tuam qui coronat te in misericordia et miserationibus 103:5 Qui replet in bonis desiderium tuum renovabitur ut aquilae iuventus tua 103:6 Faciens misericordias Dominus et iudicium omnibus iniuriam patientibus 103:7 Notas fecit vias suas Mosi filiis Israhel voluntates suas 103:8 Miserator et misericors Dominus longanimis et multum misericors 103:9 Non in perpetuum irascetur neque in aeternum comminabitur 103:10 Non secundum peccata nostra fecit nobis nec secundum iniustitias nostras retribuit nobis 103:11 Quoniam secundum altitudinem caeli a terra corroboravit misericordiam suam super timentes se 103:12 Quantum distat ortus ab occidente longe fecit a nobis iniquitates nostras 103:13 Quomodo miseretur pater filiorum misertus est Dominus timentibus se 103:14 Quoniam ipse cognovit figmentum nostrum recordatus est quoniam pulvis sumus 103:15 Homo sicut faenum dies eius tamquam flos agri sic efflorebit 103:16 Quoniam spiritus pertransivit in illo et non subsistet et non cognoscet amplius locum suum 103:17 Misericordia autem Domini ab aeterno et usque in aeternum super timentes eum et iustitia illius in filios filiorum 103:18 His qui servant testamentum eius et memores sunt mandatorum ipsius ad faciendum ea 103:19 Dominus in caelo paravit sedem suam et regnum ipsius omnibus dominabitur 103:20 Benedicite Domino angeli eius potentes virtute facientes verbum illius ad audiendam vocem sermonum eius 103:21 Benedicite Domino omnes virtutes eius ministri eius qui facitis voluntatem eius 103:22 Benedicite Domino omnia opera eius in omni loco dominationis ipsius benedic anima mea Domino

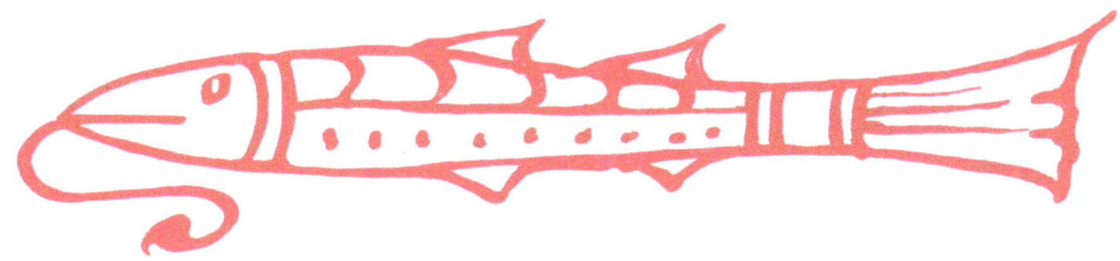

(ipsi David)

# 104

enedic anima mea Domino Domine Deus meus magnificatus es vehementer confessionem et decorem induisti 104:2 Amictus lumine sicut vestimento extendens caelum sicut pellem 104:3 Qui tegis in aquis superiora eius qui ponis nubem ascensum tuum qui ambulas super pinnas ventorum 104:4 Qui facis angelos tuos spiritus et ministros tuos ignem urentem 104:5 Qui fundasti terram super stabilitatem suam non inclinabitur in saeculum saeculi 104:6 Abyssus sicut vestimentum amictus eius super montes stabunt aquae 104:7 Ab increpatione tua fugient a voce tonitrui tui formidabunt 104:8 Ascendunt montes et descendunt campi in locum quem fundasti eis 104:9 Terminum posuisti quem non transgredientur neque convertentur operire terram 104:10 Qui emittis fontes in convallibus inter medium montium pertransibunt aquae 104:11 Potabunt omnes bestiae agri expectabunt onagri in siti sua 104:12 Super ea volucres caeli habitabunt de medio petrarum dabunt vocem 104:13 Rigans montes de superioribus suis de fructu operum tuorum satiabitur terra 104:14 Producens faenum iumentis et herbam servituti hominum ut educas panem de terra 104:15 Et

vinum laetificat cor hominis ut exhilaret faciem in
oleo et panis cor hominis confirmat 104:16
Saturabuntur ligna campi et cedri Libani quas
plantavit 104:17 Illic passeres nidificabunt
erodii domus dux est eorum 104:18 Montes
excelsi cervis petra refugium erinaciis 104:19
Fecit lunam in tempora sol cognovit occasum suum
104:20 Posuisti tenebras et facta est nox
in ipsa pertransibunt omnes bestiae silvae 104:21
Catuli leonum rugientes ut rapiant et quaerant a Deo
escam sibi 104:22 Ortus est sol et congregati
sunt et in cubilibus suis conlocabuntur 104:23
Exibit homo ad opus suum et ad operationem suam
usque ad vesperum 104:24 Quam magnificata
sunt opera tua Domine omnia in sapientia fecisti
impleta est terra possessione tua 104:25 Hoc
mare magnum et spatiosum manibus; illic reptilia
quorum non est numerus animalia pusilla cum magnis
104:26 Illic naves pertransibunt draco iste quem
formasti ad inludendum ei 104:27 Omnia
a te expectant ut des illis escam in tempore
104:28 Dante te illis colligent aperiente te
manum tuam omnia implebuntur bonitate 104:29
Avertente autem te faciem turbabuntur auferes
spiritum eorum et deficient et in pulverem suum
revertentur 104:30 Emittes spiritum tuum et
creabuntur et renovabis faciem terrae 104:31
Sit gloria Domini in saeculum laetabitur Dominus in
operibus suis 104:32 Qui respicit terram et facit

eam tremere qui tangit montes et fumigant 104:33
Cantabo Domino in vita mea psallam Deo meo quamdiu
sum 104:34 Iucundum sit ei eloquium meum
ego vero delectabor in Domino 104:35 Deficiant
peccatores a terra et iniqui ita ut non sint benedic
anima mea Domino

(alleluia)

105

Confitemini Domino et invocate nomen
eius adnuntiate inter gentes opera
eius 105:2 Cantate ei et psallite ei
narrate omnia mirabilia eius 105:3 Laudamini
in nomine sancto eius laetetur cor quaerentium
Dominum 105:4 Quaerite Dominum et
confirmamini quaerite faciem eius semper 105:5
Mementote mirabilium eius quae fecit prodigia eius
et iudicia oris eius 105:6 Semen Abraham servi
eius filii Iacob electi eius 105:7 Ipse Dominus
Deus noster in universa terra iudicia eius 105:8
Memor fuit in saeculum testamenti sui verbi quod
mandavit in mille generationes 105:9 Quod
disposuit ad Abraham et iuramenti sui ad Isaac
105:10 Et statuit illud Iacob in praeceptum

et Israhel in testamentum aeternum 105:11
Dicens tibi dabo terram Chanaan funiculum
hereditatis vestrae 105:12 Cum essent numero
breves paucissimos et incolas eius 105:13 Et
pertransierunt de gente in gentem et de regno ad
populum alterum 105:14 Non reliquit hominem
nocere eis et corripuit pro eis reges 105:15
Nolite tangere christos meos et in prophetis meis
nolite malignari 105:16 Et vocavit famem super
terram omne firmamentum panis contrivit 105:17
Misit ante eos virum in servum venundatus est Ioseph
105:18 Humiliaverunt in conpedibus pedes
eius ferrum pertransiit anima eius 105:19 Donec
veniret verbum eius eloquium Domini inflammavit eum
105:20 Misit rex et solvit eum princeps populorum
et dimisit eum 105:21 Constituit eum dominum
domus suae et principem omnis possessionis suae
105:22 Ut erudiret principes eius sicut semet
ipsum et senes eius prudentiam doceret 105:23
Et intravit Israhel in Aegyptum et Iacob accola fuit
in terra Cham 105:24 Et auxit populum
eius vehementer et firmavit eum super inimicos eius
105:25 Convertit cor eorum ut odirent populum
eius ut dolum facerent in servos eius 105:26
Misit Mosen servum suum Aaron quem elegit ipsum
105:27 Posuit in eis verba signorum suorum
et prodigiorum in terra Cham 105:28 Misit
tenebras et obscuravit et non exacerbavit sermones
suos 105:29 Convertit aquas eorum in

sanguinem et occidit pisces eorum 105:30 Dedit terra eorum ranas in penetrabilibus regum ipsorum 105:31 Dixit et venit cynomia et scinifes in omnibus finibus eorum 105:32 Posuit pluvias eorum grandinem ignem conburentem in terra ipsorum 105:33 Et percussit vineas eorum et ficulneas eorum et contrivit lignum finium eorum 105:34 Dixit et venit lucusta et bruchus cuius non erat numerus 105:35 Et comedit omne faenum in terra eorum et comedit omnem fructum terrae eorum 105:36 Et percussit omne primogenitum in terra eorum primitias omnis laboris eorum 105:37 Et eduxit eos in argento et auro et non erat in tribubus eorum infirmus 105:38 Laetata est Aegyptus in profectione eorum quia incubuit timor eorum super eos 105:39 Expandit nubem in protectionem eorum et ignem ut luceret eis per noctem 105:40 Petierunt et venit coturnix et panem caeli saturavit eos 105:41 Disrupit petram et fluxerunt aquae abierunt in sicco flumina 105:42 Quoniam memor fuit verbi sancti sui quod habuit ad Abraham puerum suum 105:43 Et eduxit populum suum in exultatione et; electos suos in laetitia 105:44 Et dedit illis regiones gentium et labores populorum possederunt 105:45 Ut custodiant iustificationes eius et legem eius requirant

## 106

Confitemini Domino quoniam bonus quoniam in saeculum misericordia eius 106:2 Quis loquetur potentias Domini auditas faciet omnes laudes eius 106:3 Beati qui custodiunt iudicium et faciunt iustitiam in omni tempore 106:4 Memento nostri Domine in beneplacito populi tui visita nos in salutari tuo 106:5 Ad videndum in bonitate electorum tuorum ad laetandum in laetitia gentis tuae et lauderis cum hereditate tua 106:6 Peccavimus cum patribus nostris iniuste egimus iniquitatem fecimus 106:7 Patres nostri in Aegypto non intellexerunt mirabilia tua non fuerunt memores multitudinis misericordiae tuae et inritaverunt ascendentes in mare mare; Rubrum 106:8 Et salvavit eos propter nomen suum ut notam faceret potentiam suam 106:9 Et increpuit mare Rubrum et exsiccatum est et deduxit eos in abyssis sicut in deserto 106:10 Et salvavit eos de manu odientium et redemit eos de manu inimici 106:11 Et operuit aqua tribulantes eos unus ex eis non remansit 106:12 Et crediderunt in verbis eius et laudaverunt laudem eius 106:13 Cito fecerunt obliti sunt operum eius non sustinuerunt consilium eius 106:14 Et concupierunt concupiscentiam in deserto et temptaverunt Deum in inaquoso 106:15 Et dedit eis petitionem ipsorum et misit saturitatem in anima eorum 106:16 Et inritaverunt Mosen in castris Aaron sanctum Domini 106:17 Aperta est terra et degluttivit Dathan et operuit super congregationem Abiron 106:18 Et exarsit ignis in synagoga eorum flamma conbusit peccatores 106:19 Et fecerunt vitulum in Choreb et adoraverunt sculptile 106:20 Et mutaverunt gloriam suam in similitudine vituli comedentis faenum 106:21 Obliti sunt Deum qui salvavit eos qui fecit magnalia in Aegypto 106:22 Mirabilia in terra Cham terribilia in mari Rubro 106:23 Et dixit ut disperderet eos si non Moses electus eius stetisset in confractione in conspectu eius ut averteret iram eius ne disperderet eos 106:24 Et pro nihilo habuerunt terram desiderabilem non crediderunt verbo eius 106:25 Et murmurabant in tabernaculis suis non exaudierunt vocem Domini 106:26 Et elevavit manum suam super eos ut prosterneret eos in deserto 106:27 Et ut deiceret semen eorum in nationibus et dispergeret eos in regionibus 106:28 Et initiati sunt Beelphegor et comederunt sacrificia mortuorum 106:29 Et inritaverunt eum in adinventionibus suis et multiplicata est in eis ruina 106:30 Et stetit Finees et placavit et cessavit quassatio 106:31 Et reputatum est ei in iustitiam in generatione et generationem usque in sempiternum 106:32 Et inritaverunt ad aquam Contradictionis et vexatus est Moses propter eos 106:33 Quia exacerbaverunt spiritum eius et distinxit in labiis suis 106:34 Non disperdiderunt gentes quas dixit Dominus illis 106:35 Et commixti sunt inter gentes et didicerunt opera eorum 106:36 Et servierunt sculptilibus eorum et factum est illis in scandalum 106:37 Et immolaverunt filios suos et filias suas daemoniis 106:38 Et effuderunt sanguinem innocentem sanguinem filiorum suorum et filiarum suarum; quas sacrificaverunt sculptilibus Chanaan et interfecta est terra in sanguinibus 106:39 Et contaminata est in operibus eorum et fornicati sunt in adinventionibus suis 106:40 Et iratus est furore Dominus in populo suo et abominatus est hereditatem suam 106:41 Et tradidit eos in manus gentium et dominati sunt eorum qui oderant eos 106:42 Et tribulaverunt eos inimici eorum et humiliati sunt sub manibus eorum 106:43 Saepe liberavit eos ipsi autem exacerbaverunt eum in consilio suo et humiliati sunt in iniquitatibus suis 106:44 Et vidit cum tribularentur et audiret orationem eorum 106:45 Et memor fuit testamenti sui et paenituit eum secundum multitudinem misericordiae suae 106:46 Et dedit eos in misericordias in conspectu omnium qui ceperant eos 106:47 Salvos fac nos Domine Deus noster et congrega nos de nationibus ut confiteamur nomini tuo sancto et gloriemur in laude tua 106:48 Benedictus Dominus Deus Israhel a saeculo et usque in saeculum et dicet omnis populus fiat fiat

(alleluia)

## 107

Confitemini Domino quoniam bonus quoniam in saeculum misericordia eius 107:2 Dicant qui redempti sunt a Domino quos redemit de manu inimici de regionibus congregavit eos 107:3 A solis ortu et occasu et ab aquilone et mari 107:4 Erraverunt in solitudine in inaquoso viam civitatis habitaculi non invenerunt 107:5 Esurientes et sitientes anima eorum in ipsis defecit 107:6 Et clamaverunt ad Dominum cum tribularentur et de necessitatibus eorum eripuit eos 107:7 Et deduxit eos in viam rectam ut irent in civitatem habitationis 107:8 Confiteantur Domino misericordiae eius et mirabilia eius filius hominum 107:9 Quia satiavit animam inanem et animam esurientem satiavit bonis 107:10 Sedentes in tenebris et umbra mortis vinctos in mendicitate et ferro 107:11 Quia exacerbaverunt eloquia Dei et consilium Altissimi inritaverunt 107:12 Et

humiliatum est in laboribus cor eorum infirmati sunt
nec fuit qui adiuvaret          107:13 Et clamaverunt
ad Dominum cum tribularentur et de necessitatibus
eorum liberavit eos          107:14 Et eduxit eos de tenebris
et umbra mortis et vincula eorum disrupit          107:15
Confiteantur Domino misericordiae eius et mirabilia
eius filiis hominum          107:16 Quia contrivit portas
aereas et vectes ferreos confregit          107:17 Suscepit
eos de via iniquitatis eorum propter iniustitias enim
suas humiliati sunt          107:18 Omnem escam
abominata est anima eorum et adpropinquaverunt
usque ad portas mortis          107:19 Et clamaverunt
ad Dominum cum tribularentur et de necessitatibus
eorum liberavit eos          107:20 Misit verbum suum
et sanavit eos et eripuit eos de interitionibus eorum
          107:21 Confiteantur Domino misericordiae eius
et mirabilia eius filiis hominum          107:22 Et
sacrificent sacrificium laudis et adnuntient opera
eius in exultatione          107:23 Qui descendunt
mare in navibus facientes operationem in aquis
multis          107:24 Ipsi viderunt opera Domini et
mirabilia eius in profundo          107:25 Dixit et
stetit spiritus procellae et exaltati sunt fluctus
eius          107:26 Ascendunt usque ad caelos et
descendunt usque ad abyssos anima eorum in malis
tabescebat          107:27 Turbati sunt et moti
sunt sicut ebrius et omnis sapientia eorum devorata
est          107:28 Et clamaverunt ad Dominum cum
tribularentur et de necessitatibus eorum eduxit eos

107:29 Et statuit procellam eius; in auram et siluerunt fluctus eius 107:30 Et laetati sunt quia siluerunt et deduxit eos in portum voluntatis eorum 107:31 Confiteantur Domino misericordiae eius et mirabilia eius filiis hominum 107:32 Exaltent eum in ecclesia plebis et in cathedra seniorum laudent eum 107:33 Posuit flumina in desertum et exitus aquarum in sitim 107:34 Terram fructiferam in salsuginem a malitia inhabitantium in ea 107:35 Posuit desertum in stagna aquarum et terram sine aqua in exitus aquarum 107:36 Et conlocavit illic esurientes et constituerunt civitatem habitationis 107:37 Et seminaverunt agros et plantaverunt vineas et fecerunt fructum nativitatis 107:38 Et benedixit eis et multiplicati sunt nimis et iumenta eorum non minoravit 107:39 Et pauci facti sunt et vexati sunt a tribulatione malorum et dolore 107:40 Effusa est contemptio super principes et errare fecit eos in invio et non in via 107:41 Et adiuvit pauperem de inopia et posuit sicut oves familias 107:42 Videbunt recti et laetabuntur et omnis iniquitas oppilabit os suum 107:43 Quis sapiens et custodiet haec et intellegent misericordias Domini

(canticum psalmi David)

# 108

Paratum cor meum Deus paratum cor meum cantabo et psallam in gloria mea 108:2 Exsurge psalterium et cithara exsurgam diluculo 108:3 Confitebor tibi in populis Domine et psallam tibi in nationibus 108:4 Quia magna super caelos misericordia tua et usque ad nubes veritas tua 108:5 Exaltare super caelos Deus et super omnem terram gloria tua 108:6 Ut liberentur dilecti tui salvum fac dextera tua et exaudi me 108:7 Deus locutus est in sancto suo exaltabor et dividam Sicima et convallem tabernaculorum dimetiar 108:8 Meus est Galaad et meus est Manasse et Effraim susceptio capitis mei Iuda rex meus 108:9 Moab lebes spei meae in Idumeam extendam calciamentum meum mihi alienigenae amici facti sunt 108:10 Quis deducet me in civitatem munitam quis deducet me usque in Idumeam 108:11 Nonne tu Deus qui reppulisti nos et non exibis Deus in virtutibus nostris 108:12 Da nobis auxilium de tribulatione quia vana salus hominis 108:13 In Deo faciemus virtutem et ipse ad nihilum deducet inimicos nostros

# 109

Deus laudem meam ne tacueris quia os peccatoris et os dolosi super me apertum est 109:2 Locuti sunt adversum me lingua dolosa et sermonibus odii circuierunt me et expugnaverunt me gratis 109:3 Pro eo ut me diligerent detrahebant mihi ego autem orabam 109:4 Et posuerunt adversus me mala pro bonis et odium pro dilectione mea 109:5 Constitue super eum peccatorem et diabulus stet a dextris eius 109:6 Cum iudicatur exeat condemnatus et oratio eius fiat in peccatum 109:7 Fiant dies eius pauci et episcopatum eius accipiat alter 109:8 Fiant filii eius orfani et uxor eius vidua 109:9 Nutantes transferantur filii eius et mendicent eiciantur de habitationibus suis 109:10 Scrutetur fenerator omnem substantiam eius et diripiant alieni labores eius 109:11 Non sit illi adiutor nec sit qui misereatur pupillis eius 109:12 Fiant nati eius in interitum in generatione una deleatur nomen eius 109:13 In memoriam redeat iniquitas patrum eius in conspectu Domini et peccatum matris eius non deleatur 109:14 Fiant contra Dominum semper et dispereat de terra memoria eorum 109:15 Pro eo quod non est recordatus facere misericordiam 109:16 Et persecutus est hominem inopem et mendicum et conpunctum corde mortificare 109:17 Et dilexit maledictionem et veniet ei et noluit benedictionem et elongabitur ab eo 109:18 Et induit maledictionem sicut vestimentum et intravit sicut aqua in interiora eius et sicut oleum in ossibus eius 109:19 Fiat ei sicut vestimentum quo operitur et sicut zona qua semper praecingitur 109:20 Hoc opus eorum qui detrahunt mihi apud Dominum et qui loquuntur mala adversus animam meam 109:21 Et tu Domine Domine fac mecum propter nomen tuum quia suavis misericordia tua libera me 109:22 Quia egenus et pauper ego sum et cor meum turbatum est intra me 109:23 Sicut umbra cum declinat ablatus sum excussus sum sicut lucustae 109:24 Genua mea infirmata sunt a ieiunio et caro mea inmutata est propter oleum 109:25 Et ego factus sum obprobrium illis viderunt me moverunt capita sua 109:26 Adiuva me Domine Deus meus salvum fac me secundum misericordiam tuam 109:27 Et sciant quia manus tua haec tu Domine fecisti eam 109:28 Maledicent illi et tu benedices qui insurgunt in me confundantur servus autem tuus laetabitur 109:29 Induantur qui detrahunt mihi pudore et operiantur sicut deploide confusione sua 109:30 Confitebor Domino nimis in ore meo et in medio multorum laudabo eum 109:31 Quia adstetit a dextris pauperis ut salvam faceret a persequentibus animam meam

(David psalmus)

## 110

Dixit Dominus Domino meo sede a dextris meis donec ponam inimicos tuos scabillum pedum tuorum 110:2 Virgam virtutis tuae emittet Dominus ex Sion dominare in medio inimicorum tuorum 110:3 Tecum principium in die virtutis tuae in splendoribus sanctorum ex utero ante luciferum genui te 110:4 Iuravit Dominus et non paenitebit eum tu es sacerdos in aeternum secundum ordinem Melchisedech 110:5 Dominus a dextris tuis confregit in die irae suae reges 110:6 Iudicabit in nationibus implebit cadavera conquassabit capita in terra multorum 110:7 De torrente in via bibet propterea exaltabit caput

# 111

Confitebor tibi Domine in toto corde meo in consilio iustorum et congregatione 111:2 Magna opera Domini exquisita in omnes voluntates eius 111:3 Confessio et magnificentia opus eius et iustitia eius manet in saeculum saeculi 111:4 Memoriam fecit mirabilium suorum misericors et miserator Dominus 111:5 Escam dedit timentibus se memor erit in saeculum testamenti sui 111:6 Virtutem operum suorum adnuntiabit populo suo 111:7 Ut det illis hereditatem gentium opera manuum eius veritas et iudicium 111:8 Fidelia omnia mandata eius confirmata in saeculum saeculi facta in veritate et aequitate 111:9 Redemptionem misit populo suo mandavit in aeternum testamentum suum sanctum et terribile nomen eius 111:10 Initium sapientiae timor Domini intellectus bonus omnibus facientibus eum laudatio eius manet in saeculum saeculi;

## 112

**B**eatus vir qui timet Dominum in mandatis eius volet nimis 112:2 **P**otens in terra erit semen eius generatio rectorum benedicetur 112:3 **G**loria et divitiae in domo eius et iustitia eius manet in saeculum saeculi 112:4 **E**xortum est in tenebris lumen rectis misericors et miserator et iustus 112:5 **I**ucundus homo qui miseretur et commodat disponet sermones suos in iudicio 112:6 **Q**uia in aeternum non commovebitur 112:7 **I**n memoria aeterna erit iustus ab auditione mala non timebit paratum cor eius sperare in Domino 112:8 **C**onfirmatum est cor eius non commovebitur donec dispiciat inimicos suos 112:9 **D**ispersit dedit pauperibus iustitia eius manet in saeculum saeculi cornu eius exaltabitur in gloria 112:10 **P**eccator videbit et irascetur dentibus suis fremet et tabescet desiderium peccatorum peribit

(alleluia)

## 113

Laudate pueri Dominum laudate nomen Domini 113:2 Sit nomen Domini benedictum ex hoc nunc et usque in saeculum 113:3 A solis ortu usque ad occasum laudabile nomen Domini 113:4 Excelsus super omnes gentes Dominus super caelos gloria eius 113:5 Quis sicut Dominus Deus noster qui in altis habitat 113:6 Et humilia respicit in caelo et in terra 113:7 Suscitans a terra inopem et de stercore erigens pauperem 113:8 Ut conlocet eum cum principibus cum principibus populi sui 113:9 Qui habitare facit sterilem in domo matrem filiorum laetantem

(alleluia)

## 114

In exitu Israhel de Aegypto domus Iacob de populo barbaro 114:2 Facta est Iudaea sanctificatio eius Israhel potestas eius 114:3 Mare vidit et fugit Iordanis conversus est

retrorsum 114:4 Montes exultaverunt ut
arietes colles sicut agni ovium 114:5 Quid est
tibi mare quod fugisti et tu Iordanis quia conversus
es retrorsum 114:6 Montes exultastis sicut
arietes et colles sicut agni ovium 114:7 A facie
Domini mota est terra a facie Dei Iacob 114:8
Qui convertit petram in stagna aquarum et rupem in
fontes aquarum

115

Non nobis Domine non nobis sed nomini tuo
da gloriam 115:2 Super misericordia
tua et veritate tua nequando dicant gentes ubi est
Deus eorum 115:3 Deus autem noster in caelo
omnia quaecumque voluit fecit 115:4 Simulacra
gentium argentum et aurum opera manuum hominum
115:5 Os habent et non loquentur oculos
habent et non videbunt 115:6 Aures habent
et non audient nares habent et non odorabuntur

115:7 Manus habent et non palpabunt pedes habent et non ambulabunt non clamabunt in gutture suo 115:8 Similes illis fiant qui faciunt ea et omnes qui confidunt in eis 115:9 Domus Israhel speravit in Domino adiutor eorum et protector eorum est 115:10 Domus Aaron speravit in Domino adiutor eorum et protector eorum est 115:11 Qui timent Dominum speraverunt in Domino adiutor eorum et protector eorum est 115:12 Dominus memor fuit nostri et benedixit nobis benedixit domui Israhel benedixit domui Aaron 115:13 Benedixit omnibus qui timent Dominum pusillis cum maioribus 115:14 Adiciat Dominus super vos super vos et super filios vestros 115:15 Benedicti vos Domino qui fecit caelum et terram 115:16 Caelum caeli Domino terram autem dedit filiis hominum 115:17 Non mortui laudabunt te Domine neque omnes qui descendunt in infernum 115:18 Sed nos qui vivimus benedicimus Domino ex hoc nunc et usque in saeculum

(alleluia)

## 116

Dilexi quoniam exaudiet Dominus vocem orationis meae 116:2 Quia inclinavit aurem suam mihi et in diebus meis invocabo te 116:3 Circumdederunt me dolores mortis pericula inferni invenerunt me tribulationem et dolorem inveni 116:4 Et nomen Domini invocavi o Domine libera animam meam 116:5 Misericors Dominus et iustus et Deus noster miseretur 116:6 Custodiens parvulos Dominus humiliatus sum et liberavit me 116:7 Convertere anima mea in requiem tuam quia Dominus benefecit tibi 116:8 Quia eripuit animam meam de morte oculos meos a lacrimis pedes meos a lapsu 116:9 Placebo Domino in regione vivorum 116:10 Alleluia credidi propter quod locutus sum ego autem humiliatus sum nimis 116:11 Ego dixi in excessu meo omnis homo mendax 116:12 Quid retribuam Domino pro omnibus quae retribuit mihi 116:13 Calicem salutaris accipiam et nomen Domini invocabo 116:14 Vota mea Domino reddam coram omni populo eius 116:15 Pretiosa in conspectu Domini mors sanctorum eius 116:16 O Domine quia ego servus tuus ego servus tuus et filius ancillae tuae disrupisti vincula mea 116:17 Tibi sacrificabo hostiam laudis et in nomine Domini invocabo 116:18

Vota mea Domino reddam in conspectu omnis populi eius  116:19 In atriis domus Domini in medio tui Hierusalem

(alleluia)

## 117

Laudate Dominum omnes gentes laudate eum omnes populi 117:2 Quoniam confirmata est super nos misericordia eius et veritas Domini manet in saeculum

(alleluia)

## 118

Confitemini Domino quoniam bonus quoniam in saeculum misericordia eius 118:2 Dicat nunc Israhel quoniam bonus quoniam in saeculum misericordia eius 118:3 Dicat nunc domus Aaron quoniam in saeculum misericordia eius

118:4 Dicant nunc qui timent Dominum quoniam in saeculum misericordia eius 118:5 De tribulatione invocavi Dominum et exaudivit me in latitudinem Dominus 118:6 Dominus mihi adiutor non timebo quid faciat mihi homo 118:7 Dominus mihi adiutor et ego despiciam inimicos meos 118:8 Bonum est confidere in Domino quam confidere in homine 118:9 Bonum est sperare in Domino quam sperare in principibus 118:10 Omnes gentes circumierunt me et in nomine Domini quia; ultus sum in eos 118:11 Circumdantes circumdederunt me in nomine autem Domini quia; ultus sum in eos 118:12 Circumdederunt me sicut apes et exarserunt sicut ignis in spinis et in nomine Domini quia; ultus sum in eos 118:13 Inpulsus eversus sum ut caderem et Dominus suscepit me 118:14 Fortitudo mea et laudatio mea Dominus et factus est mihi in salutem 118:15 Vox exultationis et salutis in tabernaculis iustorum 118:16 Dextera Domini fecit virtutem dextera Domini exaltavit me dextera Domini fecit virtutem 118:17 Non moriar sed vivam et narrabo opera Domini 118:18 Castigans castigavit me Dominus et morti non tradidit me 118:19 Aperite mihi portas iustitiae ingressus in eas confitebor Domino 118:20 Haec porta Domini iusti intrabunt in eam 118:21 Confitebor tibi quoniam exaudisti me et factus es mihi in salutem 118:22 Lapidem quem reprobaverunt aedificantes hic factus est in caput anguli 118:23 A Domino

factum est istud hoc est mirabile in oculis nostris
118:24 Haec est dies quam fecit Dominus exultemus
et laetemur in ea 118:25 O Domine salvum fac o
Domine prosperare 118:26 Benedictus qui
venturus est in nomine Domini benediximus vobis de
domo Domini 118:27 Deus Dominus et inluxit
nobis constituite diem sollemnem in condensis usque
ad cornua altaris 118:28 Deus meus es tu
et confitebor tibi Deus meus es tu; et exaltabo te
confitebor tibi quoniam exaudisti me et factus es mihi
in salutem 118:29 Confitemini Domino quoniam
bonus quoniam in saeculum misericordia eius

(alleluia)

119
aleph

Beati inmaculati in via qui ambulant in lege
Domini 119:2 Beati qui scrutantur
testimonia eius in toto corde exquirent eum
119:3 Non enim qui operantur iniquitatem
in viis eius ambulaverunt 119:4 Tu mandasti
mandata tua custodire nimis 119:5 Utinam
dirigantur viae meae ad custodiendas iustificationes
tuas 119:6 Tunc non confundar cum perspexero

in omnibus mandatis tuis 119:7 Confitebor tibi
in directione cordis in eo quod didici iudicia iustitiae
tuae 119:8 Iustificationes tuas custodiam non
me derelinquas usquequaque

## beth

119:9 In quo corriget adulescentior viam suam
in custodiendo sermones tuos 119:10 In toto
corde meo exquisivi te non repellas me a mandatis
tuis 119:11 In corde meo abscondi eloquia tua
ut non peccem tibi 119:12 Benedictus es Domine
doce me iustificationes tuas 119:13 In labiis meis
pronuntiavi omnia iudicia oris tui 119:14 In
via testimoniorum tuorum delectatus sum sicut in
omnibus divitiis 119:15 In mandatis tuis exercebor et
considerabo vias tuas 119:16 In iustificationibus
tuis meditabor non obliviscar sermones tuos

## gimel

119:17 Retribue servo tuo vivifica me et
custodiam sermones tuos 119:18 Revela oculos
meos et considerabo mirabilia de lege tua 119:19
Incola ego sum in terra non abscondas a me mandata
tua 119:20 Concupivit anima mea desiderare
iustificationes tuas in omni tempore 119:21
Increpasti superbos maledicti qui declinant a
mandatis tuis 119:22 Aufer a me obprobrium et
contemptum quia testimonia tua exquisivi 119:23
Etenim sederunt principes et adversum me loquebantur

servus autem tuus exercebatur in iustificationibus
tuis 〰 119:24 Nam et testimonia tua meditatio
mea et consilium meum iustificationes tuae

deleth

119:25 Adhesit pavimento anima mea vivifica
me secundum verbum tuum 119:26 Vias meas
enuntiavi et exaudisti me doce me iustificationes
tuas 119:27 Viam iustificationum tuarum
instrue me et exercebor in mirabilibus tuis 119:28
Dormitavit anima mea prae taedio confirma me
in verbis tuis 119:29 Viam iniquitatis amove a
me et lege tua miserere mei 119:30 Viam
veritatis elegi iudicia tua non sum oblitus 119:31
Adhesi testimoniis tuis Domine noli me confundere
119:32 Viam mandatorum tuorum cucurri cum
dilatasti cor meum

he

119:33 Legem pone mihi Domine viam
iustificationum tuarum et exquiram eam semper
119:34 Da mihi intellectum et scrutabor legem
tuam et custodiam illam in toto corde meo 119:35
Deduc me in semita mandatorum tuorum quia ipsam
volui 119:36 Inclina cor meum in testimonia
tua et non in avaritiam 119:37 Averte oculos
meos ne videant vanitatem in via tua vivifica me
119:38 Statue servo tuo eloquium tuum in timore
tuo 119:39 Amputa obprobrium meum quod

suspicatus sum quia iudicia tua iucunda 119:40 Ecce concupivi mandata tua in aequitate tua vivifica me

vav

119:41 Et veniat super me misericordia tua Domine salutare tuum secundum eloquium tuum 119:42 Et respondebo exprobrantibus mihi verbum quia speravi in sermonibus tuis 119:43 Et ne auferas de ore meo verbum veritatis usquequaque quia in iudiciis tuis supersperavi 119:44 Et custodiam legem tuam semper in saeculum et in saeculum saeculi 119:45 Et ambulabam in latitudine quia mandata tua exquisivi 119:46 Et loquebar in testimoniis tuis in conspectu regum et non confundebar 119:47 Et meditabar in mandatis tuis quae dilexi 119:48 Et levavi manus meas ad mandata quae dilexi et exercebar in iustificationibus tuis

zai

119:49 Memor esto verbi tui servo tuo in quo mihi spem dedisti 119:50 Haec me consolata est in humilitate mea quia eloquium tuum vivificavit me 119:51 Superbi inique agebant usquequaque a lege autem tua non declinavi 119:52 Memor fui iudiciorum tuorum a saeculo Domine et consolatus sum 119:53 Defectio tenuit me prae peccatoribus derelinquentibus legem tuam 119:54 Cantabiles mihi erant iustificationes tuae in loco peregrinationis

meae  119:55 Memor fui in nocte nominis tui
Domine et custodivi legem tuam  119:56 Haec
facta est mihi quia iustificationes tuas exquisivi

## beth

119:57 Portio mea Dominus dixi custodire
legem tuam  119:58 Deprecatus sum faciem tuam
in toto corde meo miserere mei secundum eloquium
tuum  119:59 Cogitavi vias meas et avertisti
pedes meos in testimonia tua  119:60 Paratus
sum et non sum turbatus ut custodiam mandata tua
119:61 Funes peccatorum circumplexi sunt me
et legem tuam non sum oblitus  119:62 Media
nocte surgebam ad confitendum tibi super iudicia
iustificationis tuae  119:63 Particeps ego sum
omnium timentium te et custodientium mandata
tua  119:64 Misericordia Domini plena est terra
iustificationes tuas doce me

## teth

119:65 Bonitatem fecisti cum servo tuo
Domine secundum verbum tuum  119:66 Bonitatem
et disciplinam et scientiam doce me quia mandatis
tuis credidi  119:67 Priusquam humiliarer
ego deliqui propterea eloquium tuum custodivi
119:68 Bonus es tu et in bonitate tua doce me
iustificationes tuas  119:69 Multiplicata est
super me iniquitas superborum ego autem in toto corde
scrutabor mandata tua  119:70 Coagulatum

est sicut lac cor eorum ego vero legem tuam meditatus sum 119:71 Bonum mihi quia humiliasti me ut discam iustificationes tuas 119:72 Bonum mihi lex oris tui super milia auri et argenti

## ioth

119:73 Manus tuae fecerunt me et plasmaverunt me da mihi intellectum et discam mandata tua 119:74 Qui timent te videbunt me et laetabuntur quia in verba tua supersperavi 119:75 Cognovi Domine quia aequitas iudicia tua et veritate humiliasti me 119:76 Fiat misericordia tua ut consoletur me secundum eloquium tuum servo tuo 119:77 Veniant mihi miserationes tuae et vivam quia lex tua meditatio mea est 119:78 Confundantur superbi quia iniuste iniquitatem fecerunt in me ego autem exercebor in mandatis tuis 119:79 Convertantur mihi timentes te et qui noverunt testimonia tua 119:80 Fiat cor meum inmaculatum in iustificationibus tuis ut non confundar

## caf

119:81 Defecit in salutare tuum anima mea in verbum tuum supersperavi 119:82 Defecerunt oculi mei in eloquium tuum dicentes quando consolaberis me 119:83 Quia factus sum sicut uter in pruina iustificationes tuas non sum oblitus 119:84 Quot sunt dies servo tuo quando facies de persequentibus me iudicium 119:85 Narraverunt mihi iniqui fabulationes sed non ut lex tua 119:86 Omnia mandata tua veritas inique persecuti sunt me adiuva me 119:87 Paulo minus consummaverunt me in terra ego autem non dereliqui mandata tua 119:88 Secundum misericordiam tuam vivifica me et custodiam testimonia oris tui

lamed

119:89 In aeternum Domine verbum tuum permanet in caelo 119:90 In generationem et generationem veritas tua fundasti terram et permanet 119:91 Ordinatione tua perseverat dies quoniam omnia serviunt tibi 119:92 Nisi quod lex tua meditatio mea est tunc forte perissem in humilitate mea 119:93 In aeternum non obliviscar iustificationes tuas quia in ipsis vivificasti me 119:94 Tuus sum ego salvum me fac quoniam iustificationes tuas exquisivi 119:95 Me expectaverunt peccatores ut perderent me testimonia tua intellexi 119:96 Omni consummationi vidi finem latum mandatum tuum nimis

mem

119:97 Quomodo dilexi legem tuam tota die meditatio mea est 119:98 Super inimicos meos prudentem me fecisti mandato tuo quia in aeternum mihi est 119:99 Super omnes docentes me intellexi quia testimonia tua meditatio mea est 119:100 Super senes intellexi quia mandata tua quaesivi

119:101 Ab omni via mala prohibui pedes meos ut custodiam verba tua 119:102 A iudiciis tuis non declinavi quia tu legem posuisti mihi 119:103 Quam dulcia faucibus meis eloquia tua super mel ori meo 119:104 A mandatis tuis intellexi propterea odivi omnem viam iniquitatis

## nun

119:105 Lucerna pedibus meis verbum tuum et lumen semitis meis 119:106 Iuravi et statui custodire iudicia iustitiae tuae 119:107 Humiliatus sum usquequaque Domine vivifica me secundum verbum tuum 119:108 Voluntaria oris mei beneplacita fac Domine et iudicia tua doce me 119:109 Anima mea in manibus meis semper et legem tuam non sum oblitus 119:110 Posuerunt peccatores laqueum mihi et de mandatis tuis non erravi 119:111 Hereditate adquisivi testimonia tua in aeternum quia exultatio cordis mei sunt 119:112 Inclinavi cor meum ad faciendas iustificationes tuas in aeternum propter retributionem

## samech

119:113 Iniquos odio habui et legem tuam dilexi 119:114 Adiutor meus et susceptor meus es tu in verbum tuum supersperavi 119:115 Declinate a me maligni et scrutabor mandata Dei mei 119:116 Suscipe me secundum eloquium tuum et vivam et non confundas me ab expectatione mea 119:117 Adiuva me et salvus ero et meditabor in iustificationibus tuis semper 119:118 Sprevisti omnes discedentes a iustitiis tuis quia iniusta cogitatio eorum 119:119 Praevaricantes reputavi omnes peccatores terrae ideo dilexi testimonia tua 119:120 Confige timore tuo carnes meas a iudiciis enim; tuis timui

ain

119:121 Feci iudicium et iustitiam non tradas me calumniantibus me 119:122 Suscipe servum tuum in bonum non calumnientur me superbi 119:123 Oculi mei defecerunt in salutare tuum et in eloquium iustitiae tuae 119:124 Fac cum servo tuo secundum misericordiam tuam et iustificationes tuas doce me 119:125 Servus tuus sum ego da mihi intellectum et sciam testimonia tua 119:126 Tempus faciendi Domino dissipaverunt legem tuam 119:127 Ideo dilexi mandata tua super aurum et topazion 119:128 Propterea ad omnia mandata tua dirigebar omnem viam iniquam odio habui

fe

119:129 Mirabilia testimonia tua ideo scrutata est ea anima mea 119:130 Declaratio sermonum tuorum inluminat et intellectum dat parvulis 119:131 Os meum aperui et adtraxi spiritum quia mandata tua desiderabam 119:132 Aspice in me et miserere mei secundum iudicium diligentium nomen tuum 119:133 Gressus meos dirige secundum

eloquium tuum et non dominetur mei omnis iniustitia
119:134 Redime me a calumniis hominum et
custodiam mandata tua    119:135 Faciem tuam
inlumina super servum tuum et doce me iustificationes
tuas    119:136 Exitus aquarum deduxerunt oculi mei
quia non custodierunt legem tuam

sade

119:137 Iustus es Domine et rectum iudicium
tuum    119:138 Mandasti iustitiam testimonia
tua et veritatem tuam nimis    119:139 Tabescere
me fecit zelus meus quia obliti sunt verba tua inimici
mei    119:140 Ignitum eloquium tuum vehementer et
servus tuus dilexit illud    119:141 Adulescentulus
sum ego et contemptus iustificationes tuas non
sum oblitus    119:142 Iustitia tua iustitia in
aeternum et lex tua veritas    119:143 Tribulatio et
angustia invenerunt me mandata tua meditatio mea
119:144 Aequitas testimonia tua in aeternum
intellectum da mihi et vivam

cof

119:145 Clamavi in toto corde exaudi me Domine
iustificationes tuas requiram    119:146 Clamavi te
salvum me fac et custodiam mandata tua    119:147
Praeveni in maturitate et clamavi in verba tua
supersperavi    119:148 Praevenerunt oculi
mei ad diluculum ut meditarer eloquia tua    119:149
Vocem meam audi secundum misericordiam tuam

Domine secundum iudicium tuum vivifica me 119:150
Adpropinquaverunt persequentes me iniquitate a
lege autem tua longe facti sunt 119:151 Prope
es tu Domine et omnes viae tuae veritas 119:152
Initio cognovi de testimoniis tuis quia in aeternum
fundasti ea

res
119:153 Vide humilitatem meam et eripe me
quia legem tuam non sum oblitus 119:154 Iudica
iudicium meum et redime me propter eloquium tuum
vivifica me 119:155 Longe a peccatoribus salus quia
iustificationes tuas non exquisierunt 119:156
Misericordiae tuae multae Domine secundum iudicia
tua vivifica me 119:157 Multi qui persequuntur
me et tribulant me a testimoniis tuis non declinavi
119:158 Vidi praevaricantes et tabescebam
quia eloquia tua non custodierunt 119:159 Vide
quoniam mandata tua dilexi Domine in misericordia
tua vivifica me 119:160 Principium verborum
tuorum veritas et in aeternum omnia iudicia iustitiae
tuae

sen
119:161 Principes persecuti sunt me gratis et a
verbis tuis formidavit cor meum 119:162 Laetabor
ego super eloquia tua sicut qui invenit spolia multa
119:163 Iniquitatem odio habui et abominatus
sum legem autem tuam dilexi 119:164 Septies

in die laudem dixi tibi super iudicia iustitiae tuae 119:165 Pax multa diligentibus legem tuam et non est illis scandalum 119:166 Expectabam salutare tuum Domine et mandata tua dilexi 119:167 Custodivit anima mea testimonia tua et dilexi ea vehementer 119:168 Servavi mandata tua et testimonia tua quia omnes viae meae in conspectu tuo

thau

119:169 Adpropinquet deprecatio mea in conspectu tuo Domine iuxta eloquium tuum da mihi intellectum 119:170 Intret postulatio mea in conspectu tuo secundum eloquium tuum eripe me 119:171 Eructabunt labia mea hymnum cum docueris me iustificationes tuas 119:172 Pronuntiabit lingua mea eloquium tuum quia omnia mandata tua aequitas 119:173 Fiat manus tua ut salvet me quoniam mandata tua elegi 119:174 Concupivi salutare tuum Domine et lex tua meditatio mea 119:175 Vivet anima mea et laudabit te et iudicia tua adiuvabunt me 119:176 Erravi sicut ovis quae periit quaere servum tuum quia mandata tua non sum oblitus

# 120

**A**d Dominum cum tribularer clamavi et exaudivit me 120:2 **D**omine libera animam meam a labiis iniquis a lingua dolosa 120:3 **Q**uid detur tibi et quid adponatur tibi ad linguam dolosam 120:4 **S**agittae potentis acutae cum carbonibus desolatoriis 120:5 **H**eu mihi quia incolatus meus prolongatus est habitavi cum habitationibus Cedar 120:6 **M**ultum incola fuit anima mea 120:7 **C**um his qui oderant pacem eram pacificus cum loquebar illis inpugnabant me gratis



# 121

**L**evavi oculos meos in montes unde veniet auxilium mihi 121:2 **A**uxilium meum a Domino qui fecit caelum et terram 121:3 **N**on det in commotionem pedem tuum neque dormitet qui custodit te 121:4 **E**cce non dormitabit neque dormiet qui custodit Israhel 121:5 **D**ominus

custodit te Dominus protectio tua super manum
dexteram tuam 121:6 Per diem sol non uret te
neque luna per noctem 121:7 Dominus custodit
te ab omni malo custodiat animam tuam Dominus
121:8 Dominus custodiat introitum tuum et
exitum tuum ex hoc nunc et usque in saeculum

(canticum graduum huic David)

## 122

Laetatus sum in his quae dicta sunt mihi in
domum Domini ibimus 122:2 Stantes
erant pedes nostri in atriis tuis Hierusalem 122:3
Hierusalem quae aedificatur ut civitas cuius
participatio eius in id ipsum 122:4 Illic enim
ascenderunt tribus tribus Domini testimonium Israhel
ad confitendum nomini Domini 122:5 Quia illic
sederunt sedes in iudicium sedes super domum David
122:6 Rogate quae ad pacem sunt Hierusalem et
abundantia diligentibus te 122:7 Fiat pax in
virtute tua et abundantia in turribus tuis 122:8
Propter fratres meos et proximos meos loquebar
pacem de te 122:9 Propter domum Domini Dei

nostri quaesivi bona tibi

(canticum graduum)

## 123

Ad te levavi oculos meos qui habitas in caelo 123:2 Ecce sicut oculi servorum in manibus dominorum suorum sicut oculi ancillae in manibus dominae eius ita oculi nostri ad Dominum Deum nostrum donec misereatur nostri 123:3 Miserere nostri Domine miserere nostri quia multum repleti sumus despectione 123:4 Quia multum repleta est anima nostra obprobrium abundantibus et despectio superbis

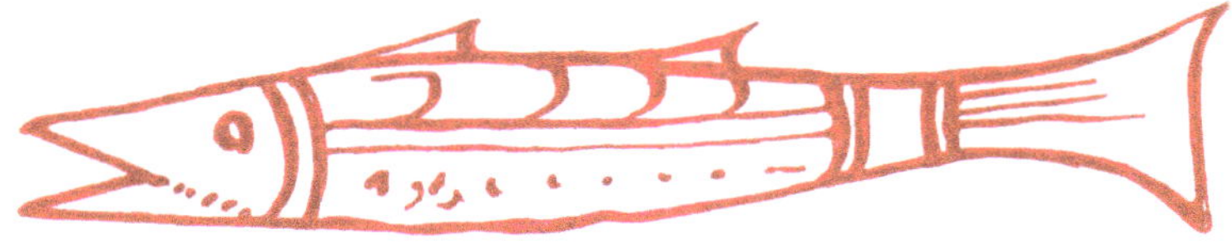

(canticum graduum huic David)

## 124

Nisi quia Dominus erat in nobis dicat nunc Israhel 124:2 Nisi quia Dominus erat in nobis cum exsurgerent in nos homines 124:3 Forte vivos degluttissent nos cum irasceretur furor

eorum in nos 124:4 Forsitan aqua absorbuisset
nos 124:5 Torrentem pertransivit anima
nostra forsitan pertransisset anima nostra aquam
intolerabilem 124:6 Benedictus Dominus qui
non dedit nos in captionem dentibus eorum 124:7
Anima nostra sicut passer erepta est de laqueo
venantium laqueus contritus est et nos liberati sumus
124:8 Adiutorium nostrum in nomine Domini
qui fecit caelum et terram

(canticum graduum)

## 125

Qui confidunt in Domino sicut mons Sion
non commovebitur in aeternum qui habitat
125:2 In Hierusalem montes in circuitu eius et
Dominus in circuitu populi sui ex hoc nunc et usque
in saeculum 125:3 Quia non relinquet virgam
peccatorum super sortem iustorum ut non extendant
iusti ad iniquitatem manus suas 125:4
Benefac Domine bonis et rectis corde 125:5
Declinantes autem in obligationes adducet Dominus
cum operantibus iniquitatem pax super Israhel

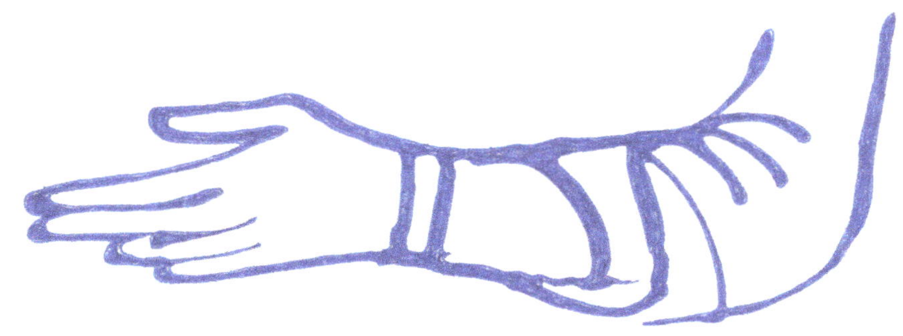

(canticum graduum)

## 126

In convertendo Dominum captivitatem Sion facti sumus sicut consolati 126:2 Tunc repletum est gaudio os nostrum et lingua nostra exultatione tunc dicent inter gentes magnificavit Dominus facere cum eis 126:3 Magnificavit Dominus facere nobiscum facti sumus laetantes 126:4 Converte Domine captivitatem nostram sicut torrens in austro 126:5 Qui seminant in lacrimis in exultatione metent 126:6 Euntes ibant et flebant portantes semina sua venientes autem venient in exultatione portantes manipulos suos

## 127

Nisi Dominus aedificaverit domum in vanum laboraverunt qui aedificant eam nisi Dominus custodierit civitatem frustra vigilavit qui custodit 127:2 Vanum est vobis ante lucem surgere surgere postquam sederitis qui manducatis panem doloris cum dederit dilectis suis somnum 127:3 Ecce hereditas Domini filii mercis fructus ventris 127:4 Sicut sagittae in manu potentis ita filii excussorum 127:5 Beatus vir qui implebit desiderium suum ex ipsis non confundentur cum loquentur inimicis suis in porta

(canticum graduum)

## 128

Beati omnes qui timent Dominum qui ambulant in viis eius 128:2 Labores manuum tuarum quia; manducabis beatus es et bene tibi erit 128:3 Uxor tua sicut vitis abundans in lateribus domus tuae filii tui sicut novella olivarum in circuitu mensae tuae 128:4 Ecce sic benedicetur homo qui timet Dominum 128:5 Benedicat te Dominus ex Sion et videas bona Hierusalem omnibus diebus vitae tuae 128:6 Et videas filios filiorum tuorum pax super Israhel

(canticum graduum)

## 129

Saepe expugnaverunt me a iuventute mea dicat nunc Israhel 129:2 Saepe expugnaverunt me a iuventute mea etenim non potuerunt mihi 129:3 Supra dorsum meum fabricabantur peccatores prolongaverunt iniquitatem suam 129:4 Dominus iustus concidet cervices peccatorum 129:5 Confundantur et convertantur retrorsum omnes qui oderunt Sion 129:6 Fiant sicut faenum tectorum quod priusquam evellatur exaruit 129:7 De quo non implevit manum suam qui metit et sinum suum qui manipulos colligit 129:8 Et non dixerunt qui praeteribant benedictio Domini super vos benediximus vobis in nomine Domini

(canticum graduum)

## 130

De profundis clamavi ad te Domine 130:2 Domine exaudi vocem meam fiant aures tuae intendentes in vocem deprecationis meae 130:3 Si iniquitates observabis Domine Domine quis sustinebit 130:4 Quia apud te propitiatio est propter legem tuam sustinui te Domine sustinuit anima mea in verbum eius 130:5 Speravit anima mea in Domino 130:6 A custodia matutina usque ad noctem speret Israhel in Domino 130:7 Quia apud Dominum misericordia et copiosa apud eum redemptio 130:8 Et ipse redimet Israhel ex omnibus iniquitatibus eius

(canticum graduum David)

## 131

Domine non est exaltatum cor meum neque elati sunt oculi mei neque ambulavi in

magnis neque in mirabilibus super me 131:2 Si
non humiliter sentiebam sed exaltavi animam meam
sicut ablactatum super matrem suam ita retributio
in anima mea 131:3 Speret Israhel in Domino ex
hoc nunc et usque in saeculum



## 132

Memento Domine David et omnis
mansuetudinis eius 132:2 Sicut
iuravit Domino votum vovit Deo Iacob 132:3 Si
introiero in tabernaculum domus meae si ascendero
in lectum strati mei 132:4 Si dedero somnum
oculis meis et palpebris meis dormitationem 132:5
Et requiem temporibus meis donec inveniam locum
Domino tabernaculum Deo Iacob 132:6 Ecce
audivimus eam in Efrata invenimus eam in campis
silvae 132:7 Introibimus in tabernacula
eius adorabimus in loco ubi steterunt pedes eius
132:8 Surge Domine in requiem tuam tu et
arca sanctificationis tuae 132:9 Sacerdotes
tui induentur iustitia et sancti tui exultabunt
132:10 Propter David servum tuum non

avertas faciem christi tui 132:11 Iuravit Dominus
David veritatem et non frustrabit eum de fructu ventris
tui ponam super sedem tuam 132:12 Si custodierint
filii tui testamentum meum et testimonia mea haec
quae docebo eos et filii eorum usque in saeculum
sedebunt super sedem tuam 132:13 Quoniam
elegit Dominus Sion elegit eam in habitationem sibi
132:14 Haec requies mea in saeculum saeculi hic
habitabo quoniam elegi eam 132:15 Viduam eius
benedicens benedicam pauperes eius saturabo panibus
132:16 Sacerdotes eius induam salutari et
sancti eius exultatione exultabunt 132:17 Illic
producam cornu David paravi lucernam christo meo
132:18 Inimicos eius induam confusione super
ipsum autem efflorebit sanctificatio mea

(canticum graduum David)

133

Ecce quam bonum et quam iucundum habitare
fratres in unum 133:2 Sicut unguentum
in capite quod descendit in barbam barbam Aaron quod
descendit in ora vestimenti eius 133:3 Sicut
ros Hermon qui descendit in montes Sion quoniam illic
mandavit Dominus benedictionem et vitam usque in

saeculum

(canticum graduum)

## 134

Ecce nunc benedicite Dominum omnes servi Domini qui statis in domo Domini in atriis domus Dei nostri; 134:2 In noctibus extollite manus vestras in sancta et benedicite Domino 134:3 Benedicat te Dominus ex Sion qui fecit caelum et terram

(alleluia)

## 135

Laudate nomen Domini laudate servi Dominum 135:2 Qui statis in domo Domini in atriis domus Dei nostri 135:3 Laudate Dominum quia bonus Dominus psallite nomini eius quoniam suave 135:4 Quoniam Iacob elegit

sibi Dominus Israhel in possessionem sibi 135:5
Quia ego cognovi quod magnus est Dominus et Deus
noster prae omnibus diis 135:6 Omnia quae
voluit Dominus fecit in caelo et in terra in mare
et in omnibus abyssis 135:7 Educens nubes ab
extremo terrae fulgora in pluviam fecit qui producit
ventos de thesauris suis 135:8 Qui percussit
primogenita Aegypti ab homine usque ad pecus 135:9
Emisit signa et prodigia in medio tui Aegypte in
Pharaonem et in omnes servos eius 135:10
Qui percussit gentes multas et occidit reges fortes
135:11 Seon regem Amorreorum et Og regem
Basan et omnia regna Chanaan 135:12 Et
dedit terram eorum hereditatem hereditatem Israhel
populo suo 135:13 Domine nomen tuum in
aeternum Domine memoriale tuum in generationem
et generationem 135:14 Quia iudicabit
Dominus populum suum et in servis suis deprecabitur
135:15 Simulacra gentium argentum et aurum
opera manuum hominum 135:16 Os habent et
non loquentur oculos habent et non videbunt 135:17
Aures habent et non audient neque enim est spiritus in
ore eorum 135:18 Similes illis fiant qui faciunt
ea et omnes qui sperant in eis 135:19 Domus
Israhel benedicite Domino domus Aaron benedicite
Domino 135:20 Domus Levi benedicite Domino
qui timetis Dominum benedicite Domino 135:21
Benedictus Dominus ex Sion qui habitat in Hierusalem

(alleluia)

136

Confitemini Domino quoniam bonus quoniam in aeternum misericordia eius 136:2 Confitemini Deo deorum quoniam in aeternum misericordia eius 136:3 Confitemini Domino dominorum quoniam in aeternum misericordia eius 136:4 Qui facit mirabilia magna solus quoniam in aeternum misericordia eius 136:5 Qui fecit caelos in intellectu quoniam in aeternum misericordia eius 136:6 Qui firmavit terram super aquas quoniam in aeternum misericordia eius 136:7 Qui fecit luminaria magna quoniam in aeternum misericordia eius 136:8 Solem in potestatem diei quoniam in aeternum misericordia eius 136:9 Lunam et stellas in potestatem noctis quoniam in aeternum misericordia eius 136:10 Qui percussit Aegyptum cum primogenitis eorum quoniam in aeternum misericordia eius 136:11 Qui eduxit Israhel de medio eorum quoniam in aeternum misericordia eius 136:12 In manu potenti et brachio excelso quoniam in aeternum misericordia eius 136:13 Qui divisit Rubrum mare in divisiones quoniam in aeternum misericordia eius 136:14 Et duxit Israhel per medium eius quoniam in aeternum misericordia eius 136:15 Et excussit Pharaonem et virtutem eius in mari Rubro quoniam in aeternum misericordia eius 136:16 Qui transduxit populum suum in deserto quoniam in aeternum misericordia eius 136:17 Qui percussit reges magnos quoniam in aeternum misericordia eius 136:18 Et occidit reges fortes quoniam in aeternum misericordia eius 136:19 Seon regem Amorreorum quoniam in aeternum misericordia eius 136:20 Et Og regem Basan quoniam in aeternum misericordia eius 136:21 Et dedit terram eorum hereditatem quoniam in aeternum misericordia eius 136:22 Hereditatem Israhel servo suo quoniam in aeternum misericordia eius 136:23 Quia in humilitate nostra memor fuit nostri quoniam in aeternum misericordia eius 136:24 Et redemit nos ab inimicis nostris quoniam in aeternum misericordia eius 136:25 Qui dat escam omni carni quoniam in aeternum misericordia eius 136:26 Confitemini Deo caeli quoniam in aeternum misericordia eius confitemini Domino dominorum quoniam in aeternum misericordia eius

(David Hieremiae)

## 137

Super flumina Babylonis illic sedimus et flevimus cum recordaremur Sion 137:2 In salicibus in medio eius suspendimus organa nostra 137:3 Quia illic interrogaverunt nos qui captivos duxerunt nos verba cantionum et qui abduxerunt nos hymnum cantate nobis de canticis Sion 137:4 Quomodo cantabimus canticum Domini in terra aliena 137:5 Si oblitus fuero tui Hierusalem oblivioni detur dextera mea 137:6 Adhereat lingua mea faucibus meis si non meminero tui si non praeposuero Hierusalem in principio laetitiae meae 137:7 Memor esto Domine filiorum Edom diem Hierusalem qui dicunt exinanite exinanite usque ad fundamentum in ea 137:8 Filia Babylonis misera beatus qui retribuet tibi retributionem tuam quam retribuisti nobis 137:9 Beatus qui tenebit et adlidet parvulos tuos ad petram

# 138

Confitebor tıbı Domıne ın toto corde meo quonıam audıstı verba orıs meı ın conspectu angelorum psallam tıbı 138:2 Adorabo ad templum sanctum tuum et confıtebor nomını tuo super mıserıcordıa tua et verıtate tua quonıam magnıfıcastı super omne nomen sanctum tuum 138:3 In quacumque dıe ınvocavero te exaudı me multıplıcabıs me ın anıma mea vırtute 138:4 Confıteantur tıbı Domıne omnes reges terrae quıa audıerunt omnıa verba orıs tuı 138:5 Et cantent ın vııs Domını quonıam magna glorıa Domını 138:6 Quonıam excelsus Domınus et humılıa respıcıt et alta a longe cognoscıt 138:7 Sıambulaveroınmedıotrıbulatıonısvıvıfıcabıs me super ıram ınımıcorum meorum extendıstı manum tuam et salvum me fecıt dextera tua 138:8 Domınus retrıbuet propter me Domıne mıserıcordıa tua ın saeculum opera manuum tuarum ne dıspıcıas

## 139

Domine probasti me et cognovisti 139:2 Me tu cognovisti sessionem meam et surrectionem meam 139:3 Intellexisti cogitationes meas de longe semitam meam et funiculum meum investigasti 139:4 Et omnes vias meas praevidisti quia non est sermo in lingua mea ecce Domine tu cognovisti omnia 139:5 Novissima et antiqua tu formasti me et posuisti super me manum tuam 139:6 Mirabilis facta est scientia tua ex me confortata est non potero ad eam 139:7 Quo ibo ab spiritu tuo et quo a facie tua fugiam 139:8 Si ascendero in caelum tu illic es si descendero ad infernum ades 139:9 Si sumpsero pinnas meas diluculo et habitavero in extremis maris 139:10 Etenim illuc manus tua deducet me et tenebit me dextera tua 139:11 Et dixi forsitan tenebrae conculcabunt me et nox inluminatio in deliciis meis 139:12 Quia tenebrae non obscurabuntur a te et nox sicut dies inluminabitur sicut tenebrae eius ita et lumen eius 139:13 Quia tu possedisti renes meos suscepisti me de utero matris meae 139:14 Confitebor tibi quia terribiliter magnificatus es mirabilia opera tua et anima mea cognoscit nimis 139:15 Non est occultatum os meum a te quod fecisti in occulto et substantia mea in inferioribus

terrae 139:16 Inperfectum meum viderunt oculi
tui et in libro tuo omnes scribentur die formabuntur et
nemo in eis 139:17 Mihi autem nimis honorificati
sunt amici tui Deus nimis confirmati sunt principatus
eorum 139:18 Dinumerabo eos et super
harenam multiplicabuntur exsurrexi et adhuc sum
tecum 139:19 Si occideris Deus peccatores et viri
sanguinum declinate a me 139:20 Quia dices
in cogitatione accipient in vanitate civitates tuas
139:21 Nonne qui oderunt te Domine oderam et
super inimicos tuos tabescebam 139:22 Perfecto
odio oderam illos inimici facti sunt mihi 139:23
Proba me Deus et scito cor meum interroga me et
cognosce semitas meas 139:24 Et vide si via
iniquitatis in me est et deduc me in via aeterna

(in finem psalmus David)

## 140

Eripe me Domine ab homine malo a viro iniquo
eripe me 140:2 Qui cogitaverunt
iniquitates in corde tota die constituebant proelia
140:3 Acuerunt linguam suam sicut serpentis

venenum aspidum sub labiis eorum diapsalma
 140:4 Custodi me Domine de manu peccatoris
ab hominibus iniquis eripe me qui cogitaverunt
subplantare gressus meos 140:5 Absconderunt
superbi laqueum mihi et funes extenderunt in laqueum
iuxta iter scandalum posuerunt mihi diapsalma
140:6 Dixi Domino Deus meus es tu exaudi
Domine vocem deprecationis meae 140:7 Domine
Domine virtus salutis meae obumbrasti super caput
meum in die belli 140:8 Non tradas Domine
desiderio meo peccatori cogitaverunt contra me ne
derelinquas me ne forte exaltentur diapsalma 140:9
Caput circuitus eorum labor labiorum ipsorum operiet
eos 140:10 Cadent super eos carbones in igne deicies
eos in miseriis non subsistent 140:11 Vir
linguosus non dirigetur in terra virum iniustum mala
capient in interitu 140:12 Cognovi quia faciet
Dominus iudicium inopis et vindictam pauperum
140:13 Verumtamen iusti confitebuntur
nomini tuo habitabunt recti cum vultu tuo

# 141

Domine clamavi ad te exaudi me intende voci meae cum clamavero ad te 141:2 Dirigatur oratio mea sicut incensum in conspectu tuo elevatio manuum mearum sacrificium vespertinum 141:3 Pone Domine custodiam ori meo et ostium circumstantiae labiis meis 141:4 Non declines cor meum in verba malitiae ad excusandas excusationes in peccatis cum hominibus operantibus iniquitatem et non communicabo cum electis eorum 141:5 Corripiet me iustus in misericordia et increpabit me oleum autem; peccatoris non inpinguet caput meum quoniam adhuc et oratio mea in beneplacitis eorum 141:6 Absorti sunt iuncti petrae iudices eorum audient verba mea quoniam potuerunt 141:7 Sicut crassitudo terrae erupta est super terram dissipata sunt ossa nostra secus infernum 141:8 Quia ad te Domine Domine oculi mei in te speravi non auferas animam meam 141:9 Custodi me a laqueo quem statuerunt mihi et ab scandalis operantium iniquitatem 141:10 Cadent in retiaculo eius peccatores singulariter sum ego donec transeam

(intellectus David cum esset in spelunca oratio)

## 142

Voce mea ad Dominum clamavi voce mea ad Dominum deprecatus sum 142:2 Effundo in conspectu eius deprecationem meam tribulationem meam ante ipsum pronuntio 142:3 In deficiendo ex me spiritum meum et tu cognovisti semitas meas in via hac qua ambulabam absconderunt laqueum mihi 142:4 Considerabam ad dexteram et videbam et non erat qui cognosceret me periit fuga a me et non est qui requirit animam meam 142:5 Clamavi ad te Domine dixi tu es spes mea portio mea in terra viventium 142:6 Intende ad deprecationem meam quia humiliatus sum nimis libera me a persequentibus me quia confortati sunt super me 142:7 Educ de custodia animam meam ad confitendum nomini tuo me expectant iusti donec retribuas mihi

(psalmus David)

## 143

Quando filius eum persequebatur Domine exaudi orationem meam auribus percipe obsecrationem meam in veritate tua exaudi me in tua iustitia 143:2 Et non intres in iudicio cum servo tuo quia non iustificabitur in conspectu tuo omnis vivens 143:3 Quia persecutus est inimicus animam meam humiliavit in terra vitam meam conlocavit me in obscuris sicut mortuos saeculi 143:4 Et anxiatus est super me spiritus meus in me turbatum est cor meum 143:5 Memor fui dierum antiquorum meditatus sum in omnibus operibus tuis in factis manuum tuarum meditabar 143:6 Expandi manus meas ad te anima mea sicut terra sine aqua tibi diapsalma 143:7 Velociter exaudi me Domine defecit spiritus meus non avertas faciem tuam a me et similis ero descendentibus in lacum 143:8 Auditam mihi fac mane misericordiam tuam quia in te speravi notam fac mihi viam in qua ambulem quia ad te levavi animam meam 143:9 Eripe me de inimicis meis Domine ad te confugi 143:10 Doce me facere voluntatem tuam quia Deus meus es tu spiritus tuus bonus deducet me in terra recta 143:11 Propter nomen tuum Domine vivificabis me in aequitate tua educes de tribulatione animam meam 143:12 Et in misericordia tua disperdes inimicos meos et perdes omnes qui tribulant animam meam quoniam ego servus tuus sum

## 144

Benedictus Dominus Deus meus qui docet manus meas ad proelium digitos meos ad bellum 144:2 Misericordia mea et refugium meum susceptor meus et liberator meus protector meus et in eo speravi qui subdis populum meum sub me 144:3 Domine quid est homo quia innotuisti ei aut filius hominis quia reputas eum 144:4 Homo vanitati similis factus est dies eius sicut umbra praetereunt 144:5 Domine inclina caelos tuos et descende tange montes et fumigabunt 144:6 Fulgora coruscationem et dissipabis eos emitte sagittas tuas et conturbabis eos 144:7 Emitte manum tuam de alto eripe me et libera me de aquis multis de manu filiorum alienorum 144:8 Quorum os locutum est vanitatem et dextera eorum dextera iniquitatis 144:9 Deus canticum novum cantabo tibi in psalterio decacordo psallam tibi 144:10 Qui das salutem regibus qui redimit David servum suum de gladio maligno 144:11 Eripe me et eripe me de manu filiorum alienigenarum quorum os locutum est vanitatem et dextera eorum dextera iniquitatis 144:12 Quorum filii sicut novella plantationis in iuventute sua filiae eorum conpositae circumornatae ut similitudo templi 144:13 Promptuaria eorum plena eructantia ex hoc in illud oves eorum fetosae

abundantes in egressibus suis  144:14 Boves
eorum crassi non est ruina maceriae neque transitus
neque clamor in plateis eorum 144:15 Beatum
dixerunt populum cui haec sunt beatus populus cuius
Dominus Deus eius

(laudatio David)

## 145

Exaltabo te Deus meus rex et benedicam
nomini tuo in saeculum et in saeculum
saeculi 145:2 Per singulos dies benedicam tibi et
laudabo nomen tuum in saeculum et in saeculum saeculi
145:3 Magnus Dominus et laudabilis nimis et
magnitudinis eius non est finis 145:4 Generatio
et generatio laudabit opera tua et potentiam tuam
pronuntiabunt 145:5 Magnificentiam gloriae
sanctitatis tuae loquentur et mirabilia tua narrabunt
145:6 Et virtutem terribilium tuorum dicent
et magnitudinem tuam narrabunt 145:7
Memoriam abundantiae suavitatis tuae eructabunt

et iustitia tua exultabunt 145:8 Miserator et misericors Dominus patiens et multum misericors 145:9 Suavis Dominus universis et miserationes eius super omnia opera eius 145:10 Confiteantur tibi Domine omnia opera tua et sancti tui confiteantur tibi 145:11 Gloriam regni tui dicent et potentiam tuam loquentur 145:12 Ut notam faciant filiis hominum potentiam tuam et gloriam magnificentiae regni tui 145:13 Regnum tuum regnum omnium saeculorum et dominatio tua in omni generatione et progenie fidelis Dominus in omnibus verbis suis et sanctus in omnibus operibus suis 145:14 Adlevat Dominus omnes qui corruunt et erigit omnes elisos 145:15 Oculi omnium in te sperant et tu das escam illorum in tempore oportuno 145:16 Aperis tu manum tuam et imples omne animal benedictione 145:17 Iustus Dominus in omnibus viis suis et sanctus in omnibus operibus suis 145:18 Prope est Dominus omnibus invocantibus eum omnibus invocantibus eum in veritate 145:19 Voluntatem timentium se faciet et deprecationem eorum exaudiet et salvos faciet eos 145:20 Custodit Dominus omnes diligentes se et omnes peccatores disperdet 145:21 Laudationem Domini loquetur os meum et benedicat omnis caro nomini sancto eius in saeculum et in saeculum saeculi

(alleluia Aggei et Zacchariae)

146

Lauda anima mea Dominum 146:2 Laudabo Dominum in vita mea psallam Deo meo quamdiu fuero 146:3 Nolite confidere in principibus in filiis hominum quibus non est salus 146:4 Exibit spiritus eius et revertetur in terram suam in illa die peribunt omnes cogitationes eorum 146:5 Beatus cuius Deus Iacob adiutor eius spes eius in Domino Deo ipsius 146:6 Qui fecit caelum et terram mare et omnia quae in eis 146:7 Qui custodit veritatem in saeculum facit iudicium iniuriam patientibus dat escam esurientibus Dominus solvit conpeditos 146:8 Dominus inluminat caecos Dominus erigit adlisos Dominus diligit iustos 146:9 Dominus custodit advenas pupillum et viduam suscipiet et viam peccatorum disperdet 146:10 Regnabit Dominus in saecula Deus tuus Sion in generationem et generationem

(alleluia Aggei et Zachariae)

147

Laudate Dominum quoniam bonum psalmus Deo nostro sit iucunda decoraque; laudatio 147:2 Aedificans Hierusalem Dominus dispersiones Israhel congregabit 147:3 Qui sanat contritos corde et alligat contritiones illorum 147:4 Qui numerat multitudinem stellarum et omnibus eis nomina vocans 147:5 Magnus Dominus noster et magna virtus eius et sapientiae eius non est numerus 147:6 Suscipiens mansuetos Dominus humilians autem peccatores usque ad terram 147:7 Praecinite Domino in confessione psallite Deo nostro in cithara 147:8 Qui operit caelum nubibus et parat terrae pluviam qui producit in montibus faenum et herbam servituti hominum 147:9 Et dat iumentis escam ipsorum et pullis corvorum invocantibus eum 147:10 Non in fortitudine equi voluntatem habebit nec in tibiis viri beneplacitum erit ei 147:11 Beneplacitum est Domino super timentes eum et in eis qui sperant super misericordia eius 147:12 Alleluia lauda Hierusalem Dominum lauda Deum tuum Sion 147:13 Quoniam confortavit seras portarum tuarum benedixit filiis tuis in te 147:14 Qui posuit fines tuos pacem et adipe frumenti satiat te 147:15 Qui emittit eloquium suum terrae

velociter currit sermo eius 147:16 Qui dat
nivem sicut lanam nebulam sicut cinerem spargit
147:17 Mittit cristallum suum sicut buccellas
ante faciem frigoris eius quis sustinebit 147:18
Emittet verbum suum et liquefaciet ea flabit spiritus
eius et fluent aquae 147:19 Qui adnuntiat
verbum suum Iacob iustitias et iudicia sua Israhel
147:20 Non fecit taliter omni nationi et iudicia
sua non manifestavit eis

(alleluia)

## 148

Laudate Dominum de caelis laudate eum
in excelsis 148:2 Laudate eum
omnes angeli eius laudate eum omnes virtutes eius
148:3 Laudate eum sol et luna laudate eum
omnes stellae et lumen 148:4 Laudate eum
caeli caelorum et aqua quae super caelum est 148:5
Laudent nomen Domini quia ipse dixit et facta sunt
ipse mandavit et creata sunt 148:6 Statuit ea
in saeculum et in saeculum saeculi praeceptum posuit
et non praeteribit 148:7 Laudate Dominum de

terra dracones et omnes abyssi 148:8 Ignis
grando nix glacies spiritus procellarum quae faciunt
verbum eius 148:9 Montes et omnes colles ligna
fructifera et omnes cedri 148:10 Bestiae et
universa pecora serpentes et volucres pinnatae 148:11
Reges terrae et omnes populi principes et omnes
iudices terrae 148:12 Iuvenes et virgines senes cum
iunioribus laudent nomen Domini 148:13 Quia
exaltatum est nomen eius solius 148:14 Confessio
eius super caelum et terram et exaltabit cornu populi
sui hymnus omnibus sanctis eius filiis Israhel populo
adpropinquanti sibi

(alleluia)

## 149

Cantate Domino canticum novum laus eius in
ecclesia sanctorum 149:2 Laetetur
Israhel in eo qui fecit eum et filii Sion exultent in
rege suo 149:3 Laudent nomen eius in choro
in tympano et psalterio psallant ei 149:4 Quia
beneplacitum est Domino in populo suo et exaltabit
mansuetos in salute 149:5 Exultabunt sancti
in gloria laetabuntur in cubilibus suis 149:6

Exaltationes Dei in gutture eorum et gladii ancipites in manibus eorum  149:7 Ad faciendam vindictam in nationibus increpationes in populis 149:8 Ad alligandos reges eorum in conpedibus et nobiles eorum in manicis ferreis 149:9 Ut faciant in eis iudicium conscriptum gloria haec est omnibus sanctis eius

(alleluia)

## 150

Laudate Dominum in sanctis eius laudate eum in firmamento virtutis eius 150:2 Laudate eum in virtutibus eius laudate eum secundum multitudinem magnitudinis eius 150:3 Laudate eum in sono tubae laudate eum in psalterio et cithara 150:4 Laudate eum in tympano et choro laudate eum in cordis et organo 150:5 Laudate eum in cymbalis bene sonantibus laudate eum in cymbalis iubilationis 150:6 Omnis spiritus laudet Dominum